언어의 쓸모

언어의 쓸모

김선 지음

혜화동

글로벌 경험이 가르쳐 준 것

나는 지난 10여 년간 영국 옥스퍼드와 독일 하이델베르크 그리고 미국 워싱턴 D.C.에서 생활하고 공부했다. 그 사이 학사, 석사, 박사를 마칠 때까지 학비를 벌기 위해 방학마다 아이들을 가르쳤다. 아이들이 나와 친해졌다 싶으면 항상 물어보는 질문이 있다.

"선생님, 옥스퍼드에서 공부하면 뭐가 제일 좋아요?"

그때는 아이들이 농담 삼아 가볍게 던진 질문이라 여겼는데 교육학자가 된 후 이 질문에 담긴 의미를 새삼 깨달았다. 나의 글로벌한 경험이 준 가장 큰 가르침은 무엇일까? 나는 아이들에게 이 경험을 통해 무엇을 나눠 줄 수 있을까? 곰곰이 되짚어 보니 그

것은 바로 '소통 능력'이었다.

소통이란 뜻의 영어 단어 communication의 라틴어 어원은 communis로 '공유, 공통'이라는 의미를 담고 있다. 공동체라는 의미를 가진 단어 community도 여기서 왔다. 소통은 공동체 혹은 조직이라는 유기체 속에서 사람들 간의 상호 교환을 촉진시키는 역할을 담당한다.

의사소통은 문화, 사회, 심리적인 면을 포괄하는 다면적인 특성을 가지고 있기 때문에 단순히 상대방의 언어를 이해하는 것만으로는 불충분하다. 즉 때와 장소에 맞는 적절한 대화를 위해서는 상대방의 언어뿐만 아니라 그 사람이 속한 사회와 공동체에 대한 이해와 이를 바탕으로 한 문화적 관습에 대한 맥락적 이해가 요구된다.

이런 의미에서 영어를 포함해서 외국어를 습득은 단순히 언어에 한정되어 기술적으로 배우는 교육으로는 한계를 가질 수밖에 없다. 영어가 사용되고 있는 그 지역과 사회의 맥락에 대한 이해 및 문화적 인식(cultural awareness)이 동반되지 않는 언어활동은 진정한 의미에서 의사소통이라고 볼 수 없고, 독백이나 메아리와 같다고 할 수 있다.

언택트 시대에 더 중요해진 소통 능력

통계청 자료에 의하면 2018년 기준 우리나라의 총인구는 5,163만 명으로 그중 외국인이 165만 명에 이른다. 이미 우리나라는 다문화 사회이며, 세계화에 따른 기업과 기관의 다른 나라와의 문화 교류가 어느 때보다 활발하다.

이에 발맞춰 국내 대학은 6대 핵심 역량에 외국어 능력과 다문화 이해 및 수용 능력을 포함시켰다. 그뿐만 아니라 고용부가 제시한 기초직업능력 10개에도 상호 문화 능력과 밀접한 관련을 맺는 대인 관계 역량 및 의사소통 역량이 포함되었다. 글로벌 기업에서도 상호 소통 능력에 대한 중요성이 강조되고 있다.[1] 이는 21세기에 중요해지는 역량으로 '소통과 협력, 유연성과 적응성, 사회 문화적 기술' 등이 강조되고 있는 맥락과 연결된다.

세계경제포럼의 보고서는 지난 20년 동안 성장한 분야의 일자리들은 높은 '인식적인(cognitive)' 그리고 '관계적인(interpersonal)' 역량을 요구한다고 지적했다.[2] 하버드 대학의 데이비드 데밍

---

1   대학생 핵심역량 진단 평가 사이트(http://www.kcesa.re.kr) 참조. 김순임, 민춘기, 「상호문화 능력 학습을 위한 교양 교과목 개발을 위하여」(2014), 교양교육연구, 8(5), 517-555, 528쪽.

(David J. Deming) 교수 역시 지난 1980년부터 미국에서 새롭게 생긴 일자리의 대부분이 사회관계적인 기술(social skills)을 요구하는 것들이라 말했다.[3] 재택근무의 확대, 학교 수업의 온라인 강의 등 코로나 이후의 언택트(Untact) 시대로의 전환에 따라 이러한 능력은 오히려 더 부각될 것이다.

또한 코로나 19 사태를 통해 놀라운 위기 대응력을 보여 주면서 서방 주요국의 찬사를 받고 있는 우리나라가 사회 경제적 분야에서 뿐만 아니라 문화적으로도 선진국으로 인정받기 위해서는 아이들로 하여금 전 세계 사람들을 상대로 자신의 의도를 표현하고 전달하여 원하는 반응을 받아 낼 수 있는 능력을 길러 주어야 한다. 더 나아가 마음과 마음이 연결되는 '친밀한 관계'까지 맺을 수 있어야 한다. 나는 이런 능력을 '글로벌 소통 능력'이라 명명하고 싶다.

글로벌 소통 능력은 자신이 사는 세상의 반경을 넓혀 준다. 예전에야 물리적 한계로 인해 소통의 반경이 지역사회 혹은 기껏해야 국가까지였다. 하지만 지금은 인터넷과 모바일 네트워크, 인

2　　World Economic Forum, 『New Vision for Education: Fostering Social and Emotional Learning through Technology』(2016).

3　　Deming, D. J. 「The growing importance of social skills in the labor market」, 『The Quarterly Journal of Economics』132(4), (2017), pp. 1593-1640.

공지능 기술 발달로 소통의 영역은 기하급수적으로 넓어지고 있다. 소통의 영역이 전 세계로 넓혀진 것은 물론이고 소통의 깊이도 이전과 비교하면 상상할 수 없을 정도로 깊어졌다! 기술의 발달로 국가 간의 교류가 증가하고 언어의 경계가 허물어지고 시간적 제약이 없어졌다. 즉 미래에는 비즈니스, 미디어, 여행, 정치 등 다양한 분야와 상황에서 더 빈번하게 글로벌 소통이 일어나게 된다.

따라서 글로벌 소통 능력을 갖춘다면 우리 아이들은 전 세계인들을 상대로 자신이 상상하고 꿈꾸는 바를 전달할 수 있을 것이며 국가의 경계에 갇혔던 이전 세대보다 훨씬 더 다양하고 다채로운 사람들과 협업하여 멋지게 원하는 바를 이루어 나갈 것이다.

'언어'에서 '소통'으로

중요한 것은 언어의 궁극적 목적은 소통이라는 것을 이해하는 것이다. 언어가 일방향적이고 문자적인 수준의 이해라면 소통은 쌍방향적이고 감성과 문화적인 요소를 강조한다. 즉 글로벌하게 소통을 할 수 있는 사람은 단순히 영어를 잘 하는 사람이 아니라 전 세계에서 온 사람들과 문화적 교류를 하고 공감할 수 있는 사람이다.

우연하게도 내가 살았던 영국의 옥스퍼드, 미국의 워싱턴 D.C., 독일의 하이델베르크는 다양한 인종, 사상과 문화가 공존하며 다양한 상호작용을 통해 진화하는 곳이었다. 내가 공부하고 연구했던 대학들은 전 세계 학생들이 공부를 하러 온 곳이었으며, 유럽, 미국, 아시아 각지에서 온 석학들이 교수로 와서 열띤 토론을 하는 학문의 전당이기도 했다. 이런 곳에서 생활하고 공부하면서 내가 얻은 가장 큰 수확이라면 이렇게 전 세계에서 모인 이들과 친구가 된 것이고, 이로 인해 생긴 가장 큰 즐거움이라면 그곳에서 만난 친구들의 가정을 방문하면서 다른 나라의 문화를 배운 것이다.

로펌에 다니다가 세계은행에서 일하게 된 러시아 국제 변호사 니꼴라이, 증조할아버지가 전 일본 황제의 동생인 일본 황실 서열 6번째인 공주 아끼꼬, 『반지의 제왕』 같은 훌륭한 판타지 역사서를 쓰고 싶어 하는 일본 작가 나츠노, UN 산하 기관에서 일하는 태국 친구 씽, 한국 출신으로 독일과 미국에서 자라서 옥스퍼드 대학 비즈니스 스쿨 교수까지 된 독일 친구 마크와 같은 친구들은 내게 소통의 가치를 선물해 준 보물들이다.

내가 영국에서, 미국에서, 독일에서 학문적으로 많은 자극을 받고 성장하고 훌륭한 교수들을 만난 것은 사실이나 이곳에서 가

언어의 쓸모

장 소중하게 배운 것은 다름 아닌 소통 능력이었다. 한국에서만 교육 받고 자라 온 나에게 다양한 국가에서 온 친구들과의 교류는 전 세계를 상대로 내가 원하는 꿈을 펼치려면 어떻게 커뮤니케이션하는 것이 효율적인가를 배우게 해 준 '배움의 장'이었다.

이렇게 청소년기부터 청년기까지 전 세계를 돌아다니며 살아왔던 나의 삶의 궤적 중 자라나는 세대와 나눌 수 있는 경험을 이 책에 오롯이 담고자 했다. 또한 교육학자로서, 엄마로서 성장한 나의 세계관과 시각이 그 경험을 해석하고 특정한 관점을 담는 이야기로 만들었음을 서두에 밝혀 두고 싶다. 엄마이자 교육학자이자 전 세계를 무대로 살았던 인생 선배로서의 경험과 관점이 이 책을 읽는 학생과 학부모, 교육가의 글로벌 소통 능력을 배양하는 데 도움이 되길 바라는 마음이다.

김선

목차

제3장 말없는 자연 속에서 철학하기

제4장 세계가 확장되는 지점

영어 단어보다 중요한
공감 능력

영국식 악센트와
영국식 대화

2001년 8월, 나는 영국 옥스퍼드 대학에 첫 발걸음을 내딛었다. 그때만 해도 내가 이곳에서 박사과정까지 하게 될 것이라 상상도 못 했다. 신입생 오리엔테이션 첫날, 모임이 끝나고 내 방이 있는 3층으로 계단을 올라가고 있었다. 그런데 갑자기 할리우드의 유명 배우인 산드라 블록처럼 생긴 영국 여자 아이가 말을 걸었다.

"Hey. I am Sarah. What's your name?"

"Hello. My name is Sun."

"Sun? Nice name!"

사라와 이렇게 말을 시작해 이런 저런 대화를 나누었다. 아직 영국식 악센트가 익숙하지 않은 탓에 가끔은 잘 알아듣지는 못해 다시 말해 달라고 요청하면서 대화를 이어 나가야 했지만, 상당히 즐거운 대화였다. 사라는 자기 방은 기숙사 맨 꼭대기 층이라고 하면서 놀러 오라고 초대를 했다. 3층에 있는 내 방에 들렀다가 사라의 방에 갔더니 벌써 우리 층에 사는 다른 친구들로 방이 꽉 차 있다.

"Hey. Nice to meet you."

나는 방 한쪽에 쭈뼛거리며 앉았다. 옆에 앉은 영국 친구들이 반갑게 말을 걸었다. 그런데 사라와 둘이 이야기할 때는 눈치껏 무슨 이야기인지 알아들었는데 여러 사람이 한꺼번에 이야기를 하니 정신이 없었다. 다른 친구들은 대학이라는 새로운 환경에 온 것에 신이 났는지 서로 앞다투어 얘기하고 있는데 나만 완전 꿀 먹은 벙어리가 되어 버렸다.

"kokoksdfsdkjkosxcswir…"

"Sun, are you hearing us?"

"Huh? Did you call me?"

애들이 계속 나를 불렀던 모양이다. 나는 그것도 모르고 멀뚱히 있었으니…. 친구들이 얼마나 한심하게 생각했을까! 하지만 이것은 시작에 불과했다.

신입생 오리엔테이션이 진행된 일주일 내내 너무 힘들었다. 일부러 따돌린 건 아닌데 익숙하지 않은 환경에 나도 모르게 위축되어 있다 보니 처음에 잘해 주던 친구들도 점점 지친 듯하여 자연히 관심이 멀어졌다. 특히 나를 힘들게 했던 것은 오리엔테이션 기간 동안 저녁마다 있던 파티였다.

'서양 문화의 한 축은 파티다'라고 할 수 있을 정도로 영국, 미국, 유럽 등지에는 여러 종류의 파티가 일 년 내내 진행된다. 파티에 초대된 사람들은 처음 보는 사람들과 계속 대화를 하면서 관계를 형성해 간다. 물론 대학 새내기들 중에는 자제력을 잃고 파티에서 술을 너무 많이 마셔서 몸을 가누지 못할 정도가 되는 경우도 있지만 학년이 높아질수록 파티에서 대화를 통한 관계 형성을 중요시하고 이는 졸업 후에 사회생활을 위한 중요한 밑거름이 된다.

하지만 영국도 처음이고 파티도 처음인 내가 이런 것을 어떻게 알까. 나는 파티에 갈 때 무슨 옷을 입어야 하는지 어떤 헤어스타일을 해야 하는지도 몰랐고, 심지어 파티에서는 새로 만난 사람들과 자유롭게 이야기를 한다는 사실조차 몰랐다. 애들이 서로 너무 재밌게 대화를 하기에, 내가 영어를 못해서 쩔쩔매는 동안 다른 아이들은 많이 친해졌구나 생각했지 처음 만난 사이라고는 상상도 못했다.

친구들은 반짝반짝 빛이 나는 검정색 짧은 미니 원피스를 입거나 타이트한 검정 드레스를 입었다. 금발 머리와 정말 잘 어울리는 빨간색 원피스를 입고 온 친구도 있었다. 그런데 내 파티 복장은 한국에서 가지고 온 회색 긴 롱 치마와 연보라색 티셔츠였다. 세상에 파티에 오면서 드레스도 아니고 긴 치마를 입고 가다니!

지금 와 생각해 보면 파티에서 제대로 된 드레스 하나 못 입는 나를 영국 아이들은 얼마나 이상하게 봤을까.

유학생들 중에도 덴마크나 독일과 같은 유럽 국가에서 온 학생들은 영국인들과 더 잘 어울리고 금방 친구가 되는 것 같았다. 언어가 같은 뿌리에서 갈라져 나온 이유도 있겠지만 문화적인 요인이 더 큰 것 같다. 문화의 유사성으로 언어적 소통뿐 아니라 문화적, 정서적 소통이 용이하기 때문에 서로의 문화를 거부감 없이 받아들이는 듯했다. 레스토랑에서 음식을 주문할 때도 유럽 친구들은 정확한 음식 이름을 모르더라도 원하는 음식을 어려움 없이 시켰다.

언어적인 정서도 유사하다. 유럽 학생들은 'Yes' 할 때 와 'No' 할 때를 알고, 적절하게 응대한다. 굳이 억지로 꾸미지 않아도 자국에서 하던 대로 해도 소통하는 데 문제가 없을 뿐 아니라 조금 다른 부분이 있다 하더라도 오히려 상호 간에 차이를 수용할 수 있는 범주 내에 있다. 그래서 자기 자신을 표현하는 데 거침이 없어 보이기까지 한다. 하지만 우리나라에서는 상대에 대한 배려의 의미로 원하지 않아도 예의상 '네'라고 대답하고는 뒤돌아서는 안 지키는 경우가 있다. 일본도 이와 유사한 문화다. 하지만 유럽 사람들은 정직하고 합리적인 가치를 중요하게 여기기 때문에 Yes는 Yes이고 No는 No라고 명확하게 말하는 것을 당연하게 여긴다.

언어의 쓸모

처음에 옥스퍼드에서 가장 힘들었던 것이 바로 문화적 차이에서 비롯된 사고방식의 차이였다. 한국적인 상황에 익숙해져 있던 나는 영국 아이들에게 부탁을 하는 것도 부탁을 받는 것도 곤혹스러운 정도로 힘들었다. 물론 그 친구들도 나를 이상하게 생각했을 것이다.

영국에서는 처음 보는 사람들과 자연스럽게 얘기를 나눌 줄 아는 것을 사교 생활의 기본 중 기본으로 여긴다. 우리나라에서는 말하기 싫으면 안 하면 되는데, 이곳에서는 무슨 이야기라도 하는 것이 하나의 예의다. 그뿐만 아니라 전혀 모르는 사람과도 어떤 주제를 꺼내도 대화를 이어 갈 수 있을 정도로 대화에 능하다. 나는 이런 문화가 익숙하지 않았기 때문에 영어는 둘째 치고 대화를 시작하고 이어 나가는 것 자체가 힘들었다. 영어를 할 수 있다고 해도 소통할 수 있는 것은 아니었다.

이런 어리숙한 이방인이었던 나에게 손을 내밀어 준 친구들이 있었으니 바로 영국인 텐다이(Tendayi)와 러시아 유학생 마샤(Marsha)였다.

너 겁쟁이구나

　서로 너무나 다르고 공통점이라곤 하나도 없어 보이는 나와 텐다이 그리고 마샤, 우리 셋이 어떻게 깊은 우정을 나누게 되었는지 여전히 신기하다.

　마샤는 러시아 출신이긴 했지만 어린 시절에 옥스퍼드 시에 있는 사립학교에서 유학을 했기 때문에 언어적으로나 문화적으로 영국인이나 다름이 없었다. 마샤는 겨울왕국에 나오는 엘사와 같은 금발 머리 미녀로 새하얀 피부는 창백하다 못해 투명하기까지 한 모습을 하고 있었다. 하지만 도도한 첫인상과는 달리 소탈한 성격의 소유자였다. 텐다이는 인류학자였던 부모님을 따라 어렸을 때 아프리카 국가들을 비롯해 다양한 국가에서 자라서인지 타문화에서 온 친구들을 존중하고 친절하게 대해 주었다.

　마음이 따뜻한 마샤와 텐다이가 이심전심으로 도와준 덕분에 모든 것이 어색해서 힘들고 어리바리했던 나는 옥스퍼드 생활에 점점 익숙해질 수 있었다.

이 둘은 장난처럼 나의 영어 발음 고치기에도 열성적이었는데 농담 반 진담 반으로 대화를 할 때마다 나의 발음을 고쳐 주었다.

"썬, 악스폴드라고 너무 굴리지 마. 그건 촌스러운 미국식 발음이야. 그냥 옥스퍼드라고 해."

"law를 왜 라~라고 해? 그것 또한 이상한 미국식 발음이라구! 로~ 이렇게 해봐. 입을 동그랗게 모으고 혓바닥을 둥글게 접어서 얘기해 봐. 로우가 아니지. 그것은 '낮다'라는 뜻의 low야. 로우가 아니라 로~ 로~."

친구들은 내 이상 요란한 발음을 같이 고쳐 가면서 많이도 웃었다. 마샤는 영국식 영어, 러시아식 영어, 미국식 영어, 나중에는 한국식 영어까지 따라 하면서 즐거운 분위기를 만들어 주었다. 우리는 영어에 대해 이야기했지만, 영어는 단지 우리의 소통의 방식이자 우리가 마음을 주고받는 놀이의 도구이고 소재였을 뿐이었다.

나는 아직까지 「해리포터」가 처음으로 극장에서 상영을 했을 때 셋이 같이 영화관에 놀러 갔던 날을 생생히 기억한다. 텐다이와 마샤는 『해리포터』 시리즈의 열성적인 팬이었다. 둘은 해리포터 책을 적어도 다섯 번씩은 읽어서인지 줄거리를 다 알고 있었다. 수다쟁이였던 마샤는 영화를 보면서 귓속말로 다음에는 무슨 일이 일어날 것인지를 미리 알려 주기도 했다.

가끔은 너무 몰입을 해서 자기도 모르게 큰 소리를 내기도 했는데, 그럴 때마다 앞에 앉은 사람이 우리에게 연신 조용히 해 달라고 부탁하다가 급기야는 팝콘을 던지기까지 했다. 당황한 우리는 영화가 끝나고 극장에 불이 켜지기 전에 부리나케 밖으로 줄행랑을 칠 수밖에 없었다.

영국은 여름인 6월에서 8월을 제외하고는 대부분 비가 주룩주룩 내려 어두침침하고 우울한 날씨가 계속된다. 그래서 햇볕이 쨍쨍한 날이라도 생기면 추운 겨울을 제외하곤 모두 일광욕을 하러 공원으로 모여든다. 4월의 어느 날, 아침부터 햇볕이 따스한 날이었는데 갑자기 마샤한테서 연락이 왔다.

"썬, 너 수영복 있어?"

"응, 로잉 연습해야 해서 하나 사 놓은 게 있긴 한데…."

"아니, 그런 수영복 말고 비키니 말이야."

"뭐? 비키니? 당연히 없지."

"그럴 줄 알았어. 일단 가볍게 걸칠 것만 가지고 나와. 아참, 선글라스도 꼭 끼고 와."

칼리지 중앙 잔디 광장에 나가니 마샤와 텐다이는 벌써 선글라스와 큰 가방을 들고 있었다. 둘은 가까운 탈의실로 나를 끌고 가

언어의 쓸모

더니 빨리 갈아입으라면서 자신의 비키니를 주는 것이 아닌가! 나는 얼떨결에 마샤의 비키니를 입고 가벼운 옷을 걸치고 둘을 따라 나섰다.

우리의 목적지는 옥스퍼드 시내 중앙에 위치한 유니버시티 파크(University Park)였다. 텐다이가 준비해 온 커다란 러그를 깔고 누웠다. 이미 공원 안에는 일광욕을 하러 온 학생과 주민들로 넘쳐났다. 아무렇지도 않게 옷을 벗기 시작한 마샤와 텐다이를 따라 나도 쭈뼛쭈뼛 걸쳤던 옷을 벗는데 내 인생에서 그렇게 창피하고 어색했던 경험은 두 번 다시 없을 것 같은 기분이었다. 하지만 직접 '벗어(!)' 보니 생각보다 드라마틱하지 않았다.

'별거 아니네.' 하는 생각이 드는 순간, 멀리서 내가 아는 얼굴들이 다가오는 게 보였다. 옥스퍼드 한인 학생회에서 만났던 대학원생 오빠들이었다. 나는 서둘러 마샤가 가지고 온 소설책을 집어 들고 얼굴을 파묻었다. 쥐구멍이라도 있으면 들어가고 싶었다.

못 본 건지 아니면 못 본 척하는 건지 잘 모르겠지만 다행히도 그 오빠들은 그냥 지나가 버렸다. 갑작스런 내 행동에 이상하게 쳐다보던 마샤와 텐다이도 동양 남자 세 명이 지나가자 무슨 상황인지 짐작한 듯했다. 그들이 지나가자마자 나의 등을 탁 치고는 말했다.

"Sun, you are a coward! This is England!(썬 너 겁쟁이구나. 여긴 영

국이야!)

내 얼굴이 홍당무가 된 걸 보고 둘은 끊임없이 놀려 댔다. 한국 여성들은 비키니를 입지 않냐, 왜 그렇게 얼굴이 빨개졌냐면서 친밀한 농담을 던졌다! 우린 농담을 하면서 한껏 웃었다. 이 날은 내가 기억하는 가장 유쾌한 순간 중 하나였다.

영국에서는 '살캐즘(sarcasm)'이 발달했다. 한국말로는 '풍자'로 번역되지만 풍자라는 단어보다 더 많은 뜻을 포함하는 것 같다. 상황이나 사람에 대해 모순적으로 표현하면서 웃음을 유도하는 어법이라고나 할까? TV에 나오는 코미디언들뿐만 아니라 영국 사람들이 즐겨 읽는 책과 신문, 심지어 일상 대화에서까지 이런 풍자가 넘친다.

내가 영국에 살게 되면서 가장 즐기게 된 문화 중 하나가 이 살 캐즘이다. 그리고 영국에서 만나 결혼까지 하게 된 남편과 한국에서 살게 된 지금까지도 공유하는 우리만의 '영국 문화'이기도 하다. 특히 긴장이 가득한 순간이나 상대방에 대해 우회적인 비판을 하고 싶을 때 큰 효과를 발휘한다. 그래서 가장 가까운 친구인 남편과 부부 싸움을 할 때나 비판 아닌 비판이 필요할 때 '알맹이'가 담긴 농담을 날리면서 대화를 한다. 웃으면서 이야기를 하지만 서로에게 꼭 필요한 말을 덜 아프게 던진다고 할까.

옥스퍼드 학부 시절 나의 베프였던 마샤와 텐다이는 나의 이상한 영어 발음을 영국식으로 바꾸어 줬을 뿐 아니라 소중한 관계 형성을 위해 꼭 필요한 이 살캐즘을 가르쳐 준 친구들이었다. 비록 학부를 졸업하고 모두 각자 고국으로 뿔뿔이 흩어지게 되면서 연락이 끊겼지만 그들이 나에게 심어 준 문화적 소양은 아직까지도 나의 마음(psyche) 속에 뿌리 박혀 내 삶을 풍요롭게 만들어 주고 있다.

꼴찌 조정 팀

　새벽부터 분주하게 옷장 속 옷들을 둘러보며 여러 가지 생각을 했다. 기숙사 룸의 오래된 마호가니 옷장은 곳곳에 흠집이 나긴 했지만 오히려 멋스러운 세월의 흔적과 역사를 대변해 주고 있는 듯했다. 오늘 날씨 예보에 비는 오지 않는다고 했지만 그렇다고 하늘이 맑게 개일 것 같지는 않았다. 이런 날 밝은 색 옷을 입고 나갔다간 사람들의 시선을 받을 것이 뻔하기 때문에 형광색 대신 무채색 운동복을 선택했다.

　그 당시 나는 옥스퍼드 시내 북쪽 우드스탁에 위치한 기숙사에 살고 있었는데 로잉 하우스가 위치한 크라이스트 처치 메도우 (Christ Church Meadow)까지 걸어가려면 족히 한 시간은 걸렸다. 관광객들과 주민, 학생들이 뒤섞인 옥스퍼드 시내는 주말이면 마치 인종 전시장과 같은 모습이었다. 붐비는 중심가를 빠르게 벗어나 옥스퍼드 서쪽으로 조금 내려가니 크라이스트 처치 칼리지 대문이 보였다.

〈대학과 마을이 어우러진 옥스퍼드 전경〉

크라이스트 처치 게이트 앞에는 둥그런 검정색 모자와 검정색 슈트를 입은 노신사가 길목을 지키고 있었다. 크라이스트 처치 칼리지는 옥스퍼드 대학 내에서도 워낙 상징적이고 큰 칼리지라 이렇게 수위들이 잘 차려 입는다고 했다. 건물 안으로 들어가니 웅장한 크림색 돌기둥으로 사면이 둘러싸여 있는 또 다른 칼리지 건물들이 보였다. 마치 유럽의 고성 같은 크라이스트 처치 칼리지는 옥스퍼드 시의 대성당(Cathedral)을 가지고 있는 가장 유서 깊은 옥스퍼드 대학 칼리지 중 하나이다. 나선형으로 난 잔디 중간에는 멋진 분수가 놓여 있었는데 아직 초봄이라 분수가 나오진

제1장 • 영어 단어보다 중요한 공감 능력

않았다. 건물 뒤 쪽으로 난 골목길을 따라 오래된 건물들 사이를 지나다 보면 어느새 후문 앞 크라이스트 처치 메도우가 보였다.

테임즈 강에는 보트 하우스들이 강을 따라 즐비해 있었고, 옥스퍼드 학생들은 여기서 조정 연습을 한다. 우리 칼리지 보트 하우스는 그 끝자락에 있었다. 조정은 영국의 전통 스포츠 중 하나로 17세기 중엽에 시작되었다. 그리고 옥스퍼드와 케임브리지 대학의 보트 레이스의 역사는 1829년으로 거슬러 올라간다. 다시 말하면 조정은 스포츠인 동시에 영국의 전통이라고 할 수 있다. 그래서 많은 옥스퍼드 학생들이 조정 팀에 참가한다. 칼리지마다 남자 팀, 여자 팀이 각각 3, 4개씩 있는데 완전 선수급의 팀부터 완전 생짜배기 초보들을 위한 팀까지 정말 다양하다. 공부에 허덕거리면서도 나는 무슨 배짱인지 조정 팀에 합류했다.

솔직히 나는 통뼈에다가 한국 여자치고는 키가 큰 편이라 운동과 잘 맞는 편이다. 초등학교 시절에는 남자 친구들과 함께 신나게 축구를 하곤 했을 정도로 운동에 관심이 많았다. 그것도 4학년까지였다. 더 하고 싶었지만 우리나라 교육제도 아래서는 운동에 대한 열정을 쏟아 낼 수가 없었다. 고등학교 재학 시절에 테니스와 골프 같은 운동들을 배울 기회도 있었다. 하지만 테니스 수업 시간에 같이 연습을 하는 친구들이 몰래 쉬기 일쑤여서 마음껏 하기 어려웠고, 그나마 2학년 말에는 아쉽게도 체육 시간마저 자습 시간으로 전환되어 버렸다.

그런데 옥스퍼드 대학에 가니 정말 운동할 기회가 많았다. 여자 아이들도 축구, 농구, 배구 팀에 합류해서 선수로 뛸 수가 있고, 그런 것이 전혀 이상하지 않았다. 하얀 하키복에 하얀 운동화를 신고, 머리에 칼리지 로고가 달린 머리띠를 하고, 라켓을 등에 매고 필드로 자전거를 타고 가는 모습은 정말 멋있어 보였다. 여자애가 운동을 하는 것이 전혀 이상한 것이 아닌, 오히려 '쿨'하다고 생각하는 듯했다.

내가 배정된 팀은 허트포드 칼리지 D팀이었다. 칼리지에는 A, B, C, D 이렇게 넷 팀으로 나누어져 있었는데, D는 나와 같은 초보자들이 모인 가장 실력이 떨어지는 팀이다. 그래도 우리는 아랑곳하지 않고 열심히 연습했다. 먼저 칼리지 보트를 보트 하우스에서 힘을 합쳐 꺼낸다. 그리고 강가에 떠내려가지 않도록 묶어 놓은 후 노를 꺼내서 앞 사람부터 한 명씩 차근차근 탄다.

"Hertford! One ⋯ Two ⋯ Three ⋯ Four ⋯."

우리는 조정 경기에서 키잡이 역할을 하는 콕스의 구령에 맞추어서 노를 젓기 시작했다. 조정 팀은 선수 8명, 콕스 1명으로 구성되는데, 콕스는 제일 앞에서 선수들의 반대 방향으로 앉아 팀을 이끈다. 콕스는 앞에서 왼쪽으로 가야 할지, 오른쪽으로 가야 할지 그리고 얼마 정도 돌아야 할지 선수들에게 지시를 해 준다.

노를 젓는 방법은 두 달 정도면 다 배울 수 있었다. 노를 잘 젓기 위해서는 노가 완전히 물속에 잠기게 만들면 안 되고, 노의 중간쯤에 물이 덮이도록 신경을 써야 한다. 다리를 접었다가 힘차게 펴면서 노를 뒤로 저어 주는데 이때에 얼마만큼 힘을 주는지, 탄성을 얼마만큼 해서 다리를 펴는지, 노를 얼마나 기술적으로 젓는지에 따라서 배의 속도가 결정된다. 노를 완전히 펴게 되면 가슴이 뒤로 젖혀지는데, 이때 노의 끝이 가슴 위로 오게 된다. 그리고 다시 처음 자세로 돌아온다. 이것이 조정의 기본자세이다. 물론 잘하기 위해서는 선수들 간의 호흡과 각 사람의 노 젓는 실력이 중요할 수밖에 없다.

선수급 팀은 매일 새벽에 연습을 하는 반면 우리 같은 초보 팀은 일주일에 한두 번 정도 연습을 하게 된다. 우리 팀은 보통 일주일에 한 번 연습을 하다가, 시합 2주 전부터는 일주일에 두 번씩 연습했다. 한 가지 안 좋았던 기억 중 하나는 연습하는 날마다 비가 왔다는 사실이다. 그해 겨울, 영국에 비가 엄청나게 많이 왔다. 소나기도 아니고 주룩주룩 기분 나쁘게 오는 비를 맞으면서 강가에 나가 노를 젓는 기분이란…. 마치 「전설의 고향」에 나올 듯한 분위기의 음산한 느낌이었다. 게다가 집에 돌아가려면 포장이 안 된 도로를 지나가야 했는데 비가 와서 질퍽질퍽거려 다니기 불편할 수밖에 없었다. 이런 날은 운동화는 물론 체육복도 흙

언어의 쓸모

〈조정 팀 친구들과 테임스 강 보트 하우스에서〉

탕물 범벅이 되곤 했다.

옥스퍼드 대학교 1학년 때 크라이스트 처치 리게타(Christchurch Reguetta)라고 하는 조정 대회가 있었다. 옥스퍼드에서는 일 년에 두 차례 조정 시합이 열리는데, 그중 먼저 열리는 대회였다. 우리 팀은 검정 색 티셔츠도 맞추고, 연습 시간도 두 배로 늘려서 이 대회를 준비했다. 대회 당일 선수들을 보니 정말 가관이다. 여자들로만 구성된 한 팀에서는 티셔츠를 맞추는 것은 물론이고 버니(Bunny: 만화영화의 토끼 캐릭터) 머리띠를 단체로 하고 온다든가 두건이나 모자를 써서 팀의 단합을 강조했다.

이날은 옥스퍼드 대학의 축제나 마찬가지였다. 각 칼리지 보트 하우스에서 바비큐를 굽고 햄버거를 만들어 나누어 주기도 했고 감자튀김이나 음료를 파는 곳도 있었다. 술을 잔뜩 가지고 와서 친구들이랑 괴성을 지르면서 마시는 학생들도 있었다. 대회 중 보트 하우스는 항상 시끌벅적했다.

우리 팀은 총 두 번의 시합을 치렀다. 첫 번째 시합은 처음부터 우리가 열세였다. 그도 그럴 것이 상대편은 여성 조정 팀에서 최강으로 소문난 세인트 힐다스 칼리지(St. Hilda's College) 조정 팀이었다. 결국 우리는 형편없이 지고 말았다. 두 번째는 우리 바로 옆의 지저스 칼리지 팀과 시합을 했다. 처음에는 우리가 앞서 나갔지만 너무 초반에 힘을 다 소진해서 그럴까? 결국 우리는 4/3 되는 구역에서 추월당하고 말았다.

이로써 우리는 2전 2패. 게다가 "The worst among the second tier teams(못하는 팀 들 중에서 가장 최고 못함!)"라는 불명예스런 타이틀까지 얻게 되었다. 그 후에도 우리의 실력은 별로 나아지지 않았다. 하지만 나는 이런 대회에 참가했다는 사실만으로도 기뻤다.

영국 문화에서 스포츠는 경쟁이 목적이 아니라 '영국적'이라는 상상의 공동체를 공유하게 하는 기제와 같다. 그래서 오스트레일리아, 캐나다, 잉글랜드, 뉴질랜드, 스코틀랜드, 웨일스 등을 포함한 영연방 국가들(Commonwealth)은 올림픽과 같이 4년마다 대회를 갖고 영국적인 스포츠인 론볼스(lawn bowls: 공을 굴려 잭이라는 공에 가까이 가서 멎게 하는 놀이)와 럭비, 조정 등과 같은 경기를 함께 하며 공동체적 인식을 공유한다. 대영제국의 유산으로 남아 있는 영연방이라는 개념은 구시대의 유물이 되었지만 영국의 유구한 전통의 일부가 되어 남아 있다.

영국인들은 어려서부터 스포츠 활동을 통해 건강관리뿐만 아니라 공동체성을 공유한다. 영국에서는 겨울에도 반바지를 입고 축구나 럭비를 하는 이들의 모습을 자주 볼 수 있다. 핀란드에서는 겨울에 아이들의 면역력을 키워 주기 위해서 강에서 수영을 하게 한다고 하는데, 영국에서는 주룩주룩 내리는 겨울비를 맞으면서 운동을 하는 이들이 많은 것도 같은 이유가 아닐까 한다. 영국 아이들은 어렸을 때부터 남녀 가릴 것 없이 이렇게 운동을 하고 뛰어 놀면서 사회성, 그리고 체력과 건강을 기르게 된다. 특히 축구나 조정과 같은 단체 운동은 신체적인 건강뿐만 아니라 함께 일하고 사는 데 기본인 규율을 배울 수 있는 가장 좋은 활동이어서 영국인들에게 단체 운동은 스포츠 이상의 의미를 갖는다.

그래서인지 옥스퍼드의 교수들 중에서는 운동을 즐기는 사람들이 상당히 많다. 이들 중 일부는 젊은 시절 올림픽 대표 선수였을 만큼 잘하는 사람들도 있다. 내가 대학원 과정에 있을 때, 속해 있었던 그린-템플턴 칼리지의 펠로우(fellow)였던 메디컬 스쿨 교수는 영국 펜싱 국가 대표 선수였는데 함께 식사하는 자리에서

제1장 • 영어 단어보다 중요한 공감 능력

자신의 경험을 자랑스럽게 이야기하곤 했다.

영국에서 조정 팀에 들어가서 나의 건강한 몸을 아끼고 개발하며 무엇보다 스포츠란 매개체를 통해 나와 다른 이들과 함께 호흡하고 소통하는 법을 배우게 되었다. 나는 비 오는 날 연습에 참가했다가 몸살이 심하게 걸려서 1학기 이후에는 조정을 포기할 수밖에 없었지만, '영국적인 가장 영국적인' 스포츠를 통해 내 안에 영국적인 문화의 핵심을 공유하는 바탕이 되었다고 생각한다.

미녀와 야수
: 작은 역할을 통한 성장

내가 영어에 푹 빠지게 된 계기는 '곰아저씨 전화영어'였다. 학습지와 전화 통화를 통한 영어 회화를 합친 교육 프로그램으로, 아쉽게 지금은 사라지고 없지만 나에게는 특별한 기억으로 남아 있다. 그 당시에 영어 공부라고 해 봤자 일주일에 영어 단어 몇 개씩 외우고 간단한 문장을 독해하는 수준이 전부였지만, 나는 할당된 통화 시간을 훨씬 더 넘겨 이야기할 만큼 열성적으로 임했다.

나는 배우는 단어나 구절에 대해 끊임없이 질문을 해댔다. 다행히도 나를 담당했던 선생님께서는 굉장히 친절하고 참을성이 많으신 분이셔서 나의 질문에 꼼꼼히 대답을 해 주셨다. 나는 전화 영어 시간을 손꼽아 기다리며 선생님과 더 긴 통화 시간을 갖기 위해 깨알같이 준비를 했다.

나의 열성이 통했을까? 나는 '곰아저씨 전화영어'에서 학생들을 뽑아 만든 영어 연극반에 당당히 합격할 수 있었다. 영어 연극반에서는 디즈니의 영화 「미녀와 야수(The beauty and the beast)」
를 각색하여 만든 연극을 공연한다고 했다. 하지만 막상 오디션
에 참여해 보니 다른 아이들과 실력 차이가 너무 크게 느껴졌다.
오디션에 참가한 아이들 중 다수가 어렸을 때부터 해외에서 살다
와서 원어민처럼 영어를 해서 나는 금세 기가 죽었다.

　오디션은 각자 자기가 맞고 싶은 역할의 대사를 준비해서 심사
를 하는 방식으로 진행되었다. 누구나 그렇듯 나도 주인공인 '벨'
을 하고 싶어서 열심히 준비해 갔지만 떨어지고 말았다. 너무도
당연한 결과였지만 아쉬움이 컸다. 심사위원들이 대본에 나오는
대사뿐만 아니라 여러 가지 상황에서 순발력 있게 대응할 수 있
는지를 확인하기 위해 영어로 질문을 했고, 나의 짧은 영어로 내
생각을 표현하는 데 한계가 있었다. 다행히 나의 활달한 성격을
간파한 심사위원은 활달한 성격을 드러낼 수 있는 역할인 '촛대'
로 뽑아 주었다.

　영어권 국가에서 자라서 충분히 긴 대사를 소화할 수 있었던
두 친구가 주인공인 벨과 야수를 맡았다. 나머지 배역들은 짧은
대사 몇 마디만 하고 배경처럼 옆에 서 있으면 되었다. 비록 대사
가 몇 마디 없었지만 나는 열과 성을 다하여 촛대 역할을 준비했
다. 내가 기대했던 주인공의 역할은 아니었기에 실망스럽기도 했
지만 그것은 전혀 중요한 문제가 아니었다. 나는 영어 연극에 참

여한다는 것 자체가 너무 재미있고 즐거웠다.

선생님이 동선을 지정해 주신 대로 움직이면서 대사를 하는 것도 재미있었고, 찡그리는 얼굴, 놀라운 얼굴, 웃는 얼굴, 다양한 표정 연기를 배우는 것도 좋았다. 정확한 대사 전달을 위해 입을 크게 벌리고 뱃속 깊은 곳부터 말하는 호흡법과 대화법을 배우면서, 한국어와 영어를 말할 때 주로 쓰는 입과 목구멍의 부위가 다르다는 것도 알게 되었다. 내 대사는 비록 몇 줄 안 되어 내 목소리는 많이 들리지 않지만 나는 분명히 그 안에서 연기를 하고 있었고, 촛불이란 나의 배역은 무대를 채우고 완성하는 데 없어서는 안 되는 존재라고 인식했다.

무엇보다 「미녀와 야수」 영어 연극을 하게 되면서 영어가 단순히 공부하는 '학습'이 아닌 친구들과 즐겁게 '소통'하는 통로라는 깨달음을 얻은 것은 큰 수확이었다. 워낙 활달한 성격이었던 나는 참여한 모든 친구들과 허물없이 친하게 지냈다. 촛대라는 작은 배역에는 대사가 별로 없었지만, 나는 나의 역할을 넘어서 주인공인 벨과 야수 역할의 친구들이 연습하는 것을 도와주었다. 친구들이 긴 대사 외우는 것을 옆에서 함께해 주고, 무대에서 이 친구들이 연기를 할 때면 디렉터 선생님 옆에서 내가 연기를 하는 것처럼 속으로 대사를 되뇌었다. 그러다 보니 어느새 주인공의 대사도 내 것처럼 다 외워 버렸다.

6개월여 간의 연습을 통해 갈고 닦은 실력을 드디어 보여 줄 시간이 되었다. 지금은 역사 속으로 사라진 장소인 인천시민회관에서 발표를 했는데, 비록 관객은 참여 학생들의 부모나 친척들밖에 없었지만 연습 기간 내내 정성과 열정을 쏟은 탓에 그날의 기억은 내 뇌리 속에 깊게 박혀 있다. 배역이 촛대라 두 손에 무거운 초를 들고 처음 등장했을 때 킥킥거리는 웃음소리가 관중석에서 들리기도 했지만 아랑곳하지 않고 촛대 대사를 천연덕스럽게 하고 파트너였던 시계와 탭댄스를 멋들어지게 해냈다.

무대가 있던 날은 우연하게도 밸런타인데이였는데, 그날 연극의 주인공인 벨보다 내가 초콜릿을 더 많이 받았다. 그 다음 날, 나의 파트너로 시계 역할을 했던 친구가 우리 집을 찾아와 큰 초콜렛 상자를 전해 주었다. 그리고 그 상자 안에 들어 있었던 하트 모양의 카드 안에는 다음과 같이 적혀 있었다.

"선아, 좋아해. -From your clock"

처음 받아 보는 고백이었다. 나는 고백 자체보다는 작은 역할을 했지만 연극반에서 나의 존재감이 작지 않았다는 사실에 더 기뻤다. 「미녀와 야수」 영어 연극은 내가 영어라는 언어가 '소통의 매개체'임을 알게 된 최초의 활동이 아니었나 싶다. 그리고 그것을 계기로 나의 영어 실력이 일취월장한 것은 두말할 나위도 없다.

그 이후 나는 영어로 소통하고 싶은 욕심이 더 커져서 엄마를 졸라 원어민 선생님이 가르치는 학원을 다니게 되었다. 그 당시 만 해도 대부분의 영어 학원은 문법과 독해 위주로 가르치는 보습 학원이었고, 원어민 교사가 있는 학원은 많지 않았다. 그래서 제대로 된 영어 대화를 하고 싶은 마음에 30분이 넘는 거리를 매일 버스를 타고 대학생들이나 성인들이 다니는 퍼시픽 어학원에 등록했다. 이유는 단순했다. 그저 영어로 '대화'를 하고 싶었고 더 많은 친구들과 '영어'로 소통하고 싶었다. 내가 「미녀와 야수」 영어 연극을 통해 경험했던 그 영어로 하는 소통 말이다. 나는 초등학생이었지만, 영어를 문법과 독해가 아닌 소통의 도구라는 것을 「미녀와 야수」 연극에서 촛대로 데뷔하면서 깨닫게 되었던 것 같다.

솔직히 영어 대화라고 해 보았자 한국에서만 공부한 초등학생이 제대로 된 대화를 이끌어 갈 능력이 있었겠는가. 그럼에도 불구하고 나는 아는 단어를 총동원해서 원어민 선생님과 이야기를 나누었다. 아니 나누려고 노력했다. 그리고 예제에 나오는 영어 단어를 깨알같이 다 공부해 간 다음 그 단어의 뜻과 관련된 질문을 해 대었다. 나는 그 단어의 뜻이 알고 싶었던 것이 아니라 선생님과 대화를 더 많이 하고 싶었기 때문이다. 교재를 다 공부한 다음에도 선생님에게 신변잡기적인 가벼운 질문도 하곤 했다.

겁 없이 질문하는 조그마한 초등학생 덕에 같은 반에 있었던 대학생 언니, 오빠들도 적극적으로 질문 공세에 함께했다. 그래서인지 우리 반은 항상 분위기가 화기애애했다. 그리고 이렇게 친해진 덕분에 원어민 선생님과 같은 반 언니 오빠들과 함께 주말이면 영화도 같이 보러 다니고 맛있는 것도 같이 먹으러 다녔다. 나중에 알게 된 사실이지만 원어민으로 알고 있었던 선생님 중 한 분은 사실 한국계 미국인이라 우리가 한국말로 나누었던 대화를 다 이해하셨다고 한다! 이러한 소통의 즐거움은 내가 영어를 좋아하게 된 동력이 되었다.

존슨(Johnson)과 뉴포트(Newport) 박사의 연구에 따르면 외국어 습득은 빠를수록 좋으며 17세인 사춘기가 넘어갈수록 외국어 학습 능력이 현저히 떨어진다고 한다.[1] 중국어와 한국어를 모국어로 가진 2~29세 연령의 사람들을 대상으로 한 실험 결과, 영어를 배우기 시작한 시점이 3~7세면 원어민과 동일한 수준으로 영어를 습득할 수 있지만, 그 이후가 되면 나이가 듦에 따라 습득 능력이 현저히 떨어진다는 사실을 실험을 통해 실증적으로 밝혀

---

[1] Johnson & Newport, 「Critical Period Effects in Second Language Learning: The Influence of Maturational State on the Acquisition of English as a Second Language」(1989), Cognitive Psychology 21, pp. 60-99.

낸 것이다.

물론 17세 이상이 되면 영어를 배울 수 없다는 뜻은 아니다. 다만 "언어 습득에 최적화된 시기가 지나고 나면 어린 아이들이 모국어를 배울 때처럼 의식적인 노력 없이 암묵적 학습(implicit learning)을 통해 언어 습득이 이루어지는 것이 아니라, 분석 능력(특히 언어 분석 능력), 문제 해결 능력과 같은 다른 부가적 기제를 동원해 언어 습득이 이루어진다고 볼 수 있다. 사춘기가 지나서 외국어를 잘 습득하려면, 이러한 다른 언어 습득 능력이 뛰어나야 한다는 것"이다.[2]

어린 시절부터 영어 연극을 통해 영어로 소통하는 기쁨을 맛보았던 내가 영어를 좋아하게 되고 영어 학습에 대한 열정이 생기게 된 것은 당연한 결과일지 모른다. 옥스퍼드 대학의 조지은 교수의 책 『언어의 아이들: 아이들은 도대체 어떻게 언어를 배울까?』에서도 다음과 같이 소통으로서의 영어 교수법을 강조한다:

"부모는 아이들에게 걷는 법이나 웃는 법을 가르치는 것 이상으로 특별히 언어를 '가르치지' 않는다는 것을 꼭 기억해야 한다.

---

2   조지은, 송지은, 『언어의 아이들: 아이들은 도대체 어떻게 언어를 배울까?』 (2019), 사이언스북스, 15쪽.

언어 발달에서 가장 중요한 것은 노출(exposure)과 필요(need)이다. 아이가 태어나는 그 순간부터 많은 사람들과 함께하는 여러 상황 속에서 자연스럽게 언어에 노출되고 그들과 소통해야 할 필요를 느끼면, 아이들은 자연스럽게 언어를 배우게 될 것이다. 또 아이가 태어나면서부터 다른 사람들 속에서 2개 언어에 노출되고 그 사람들과 소통하기 위해 두 언어가 필요하다고 느끼면, 그렇게 아이들은 두 언어 모두를 배우게 될 뿐이다."

물론 읽기와 쓰기와 같은 문해 능력(Literacy)도 반드시 필요하고 고급 영어를 구사하기 위해서는 이런 문해 능력을 배양하는 것이 필수이다. 하지만 소통을 위해서 가장 필요한 능력인 듣기와 말하기 능력은 어릴 때부터 반복적으로 노출을 통해 아이의 흥미를 일으키는 것이 가장 중요하다고 볼 수 있다.

이런 의미에서 「미녀와 야수」를 통해 경험했던 영어 연극에서의 짜릿한 경험은 나의 영어 소통 능력 기제를 발동시켰다고 볼 수 있다. 영어는 해야 하는 공부가 아니라 타인과 말하고 웃고 떠들기 위해 습득하고 배울 수 있는 재미있는 도구라는 것을 어린 시절에 깨닫게 된 것이다. 이렇게 사춘기 시절 이전에 말로서 배웠던 영어가 이후 옥스퍼드 대학에서 공부할 수 있게 된 고급 영어의 기초가 되었다.

영어를 뛰어넘는
영어

　나에게는 쌍둥이 오빠가 있다. 내가 쌍둥이 오빠가 있다고 하면 사람들은 으레 우리 오빠도 나와 같은 '모범생'일 거라고 생각한다. 거기에 오빠가 캐나다 토론토의 컨설팅 회사에서 일하고 있다고 하면, 영국 옥스퍼드에서 공부한 나의 배경과 더해져 대부분 사람들이 갖는 오빠에 대한 추측은 환상이 되어 버린다.

　오빠와 나는 한날한시에 태어났을 뿐 외모, 식성, 취향, 성향, 성적까지 뭐 하나 비슷한 것이 없다. 그래서 쌍둥이라고 부르는 것이 어색할 정도이다. 어릴 적 내가 동화책 읽는 걸 좋아했다면, 우리 오빠는 시계나 장난감 자동차를 부수고 다시 조립하는 일을 좋아했다. 내가 초등학교 때부터 교과서로 예습 복습을 철저히 하는 모범생이었다면, 오빠는 학교 다녀오면 가방은 내던지고 게임에 열중했다. 그래서 어렸을 때부터 전교 1등을 도맡아 했던 나에 비해 오빠는 성적은 중간쯤 되는 학교에서 눈에 띄지 않는 조용한 학생이었다.

영어에는 'Book Smart'와 'Street Smart'라는 표현이 있다. Book Smart가 책으로 배운 지식으로 학교에서 우수한 성적을 받는 사람을 말한다면, Street Smart는 삶의 현장에서 지혜가 발휘되는 사람이라는 뜻이다. 즉 여러 가지 경험과 다양한 인간관계를 통해 인생을 지혜롭게 경영하는 사람을 말한다. 내가 전형적인 Book Smart한 학생이었다면 우리 오빠는 Street Smart에 더 가까웠다.

오빠는 대학을 졸업하자마자 푹 빠져 있던 스피커 디자인에 집중한다고 아예 창업을 해 버렸다. 좋아하는 일을 마음껏 할 수 있어서였을까. 오빠는 신문에 날 정도로 성과를 거뒀고 한때는 잘나가는 스피커 기업 대표까지 되었다. 하지만 동업을 했던 선배에게 회사를 빼앗기고 어려운 상황에 처하게 되었다.

오빠가 어린 나이에 산전수전 다 겪고 있을 때 나는 영국 유학을 마치고 한국으로 돌아와 막 사회생활을 시작했다. 마침 내가 일하던 회사에서 운영하는 캐나다 어학연수에 장학금 기회가 생겨 오빠에게 추천을 했다. 오빠가 낙담한 마음을 추슬렀으면 하는 바람으로 후원자를 자처해서 어학연수를 가라고 오빠의 등을 떠밀었다.

서른 살 늦깎이에 시작한 오빠의 유학 생활은 내 경험과는 확연히 달랐다. 요새 표현으로 한다면 '가성비'가 훨씬 좋은 유학이었다. 왜냐하면 10여 년 정도 유학 생활을 한 나도 영국이나 영어권 국가에서 일자리를 구하는 것이 쉽지 않았는데, 오빠는 유학생활 3년 만에 당당히 취업에 성공했으니 말이다.

사실 오빠는 아직도 토플 점수가 형편없다. 학비야 장학금에 부모님 찬스로 어떻게 마련이 되긴 했지만 생활비는 스스로 벌어야 해서 아르바이트를 하느라 공부에만 집중할 수도 없었다. 그런 오빠가 어떻게 유학 생활 3년 만에 취업이 되었을까?

바로 오빠는 캐나다에 가서 영어 공부가 아닌 캐나다 사람들과의 소통에 더 많은 시간을 보냈기 때문이다. 토론토에 아무런 연고도 없고 영어도 잘 못했던 오빠가 캐나다인들을 많이 알게 된 계기는 아이러니하게도 일을 해야 했기 때문이었다. 오빠는 용돈이라도 벌 목적으로 평소에 취미로 하던 웹 사이트를 만들어 주는 아르바이트를 시작했다. 그리고 컴퓨터 수리에도 재능이 있었기 때문에 그 일도 같이 부업으로 하곤 했다.

오빠가 결정적으로 취업을 하게 된 계기는 바로 '봉사 활동'이었다. 아르바이트에 재미를 붙인 오빠는 봉사의 의미로 뜻깊다고 생각하는 단체의 웹 사이트를 무료로 만들어 주는 일도 했다. 이를 통해 알게 된 분이 자신이 일하는 회사 사장에게 오빠를 소개해 준 것이다. 공교롭게도 그 회사의 사장은 우크라이나 출신으로 20여 년 전에 캐나다에 건너온 이민자였다.

그렇다고 오빠의 캐나다 직장 생활이 처음부터 순탄한 것은 아니었다. 오빠는 원래 영어를 잘하는 편도 아니었고 캐나다에서 영어를 비롯한 공부에 집중할 수 없는 상황이었기 때문에 영어 실력이 캐나다 3년 차인데도 불구하고 썩 나아지지는 않았다. 오빠가 잠깐 한국에 들어왔을 때 오빠와 나누었던 대화가 생각난다.

"오빠, 회사에 한국 사람 한 명이라도 있어?"

"아니, 없지. 나를 회사에 소개한 캐나다인 형은 부인이 한국인이라서 한국 문화를 이해하기는 하지만 한국어는 못해."

"그래? 클라이언트가 원하는 것을 반영하려면 계속 소통을 해야 하고, 회사 다른 분들과도 계속 의견을 나눠야 하는데 어떻게 영어도 못하면서 계속 일을 하는 거야?"

"선이야, 너 같은 똑똑이들은 이해 못 하는 게 있어."

"엥? 그게 뭔데?"

"바로 '어허'와 '파돈 미(pardon me)?'의 위력!"

"그게 뭐야?"

"잘 못 알아듣겠으면 '어허' 하면서 웃으면 돼. 그리고 중요한 포인트다 싶은데 무슨 말인지 잘 이해가 안 되면 '파돈 미?'라고 다시 물어보면 돼. 그러면 한 80퍼센트는 소통이 가능해. 그러고도 잘 모르겠는 건 그냥 눈치껏 내가 찾아보고 공부하면서 채우면 일이 되더라고. 이게 다 사람이 하는 일인 거잖아. 그래서 마음만 통하면 돼. 말보다 중요한 건 사람과 사람 간의 소통이야."

나는 그 순간 망치로 머리를 한 방 맞은 듯했다. 아무리 토플 점수가 높고 영어를 유창하게 구사한들 소통이 안 되면 말짱 도루묵 아닌가. 어쩌면 사장이 영어도 서툴고 대학을 갓 졸업한 늦깎이 한국 청년을 워크 비자까지 해 주면서 고용한 이유가 상대와 소통하려는 이 청년의 진심을 보았기 때문일지 모른다. 이민자였던 그 자신도 그렇게 배워 그 자리에 올랐으니까 말이다.

미국의 심리학자 로버트 스턴버그 교수는 종래의 IQ로 대변되는 협소한 지능의 정의를 벗어나 다양한 영역을 포괄하는 지능에 대한 새로운 정의가 필요하다고 주장했다. 우리가 통상적으로 말하는 지적 지능(intellectual intelligence)과 대조하여 실용적 지능(practical intelligence)의 중요성을 강조하였는데, 그가 말하는 실용적 지능은 "어떤 사람에게 어떤 말을 언제 해야 할 줄 알며, 가장 효과적인 결과를 창출하기 위해 어떻게 이야기를 해야 하는 줄을 아는 것을 의미"한다.[3]

같은 맥락에서 미국의 기자이자 작가인 말콤 글레드웰은 『아웃라이어(Outliers)』라는 책에서 실용적 지능에 대해 두 명의 천재 크리스 랭안과 로버트 오펜하이머의 사례를 들어 설명한다. 크리스

---

3   Malcome Gladwell, 『Outliers』(2009), Back Bay Books, p. 114.

는 엄청난 IQ의 소유자였지만 가난한 이혼 가정에서 태어나 가까스로 잡은 장학금 기회도 놓치고 능력을 펼치지 못한 채 평범한 농부로 산 반면, 오펜하이머는 케임브리지 박사과정 중 너무 힘들어서 지도 교수를 독살하려는 소동을 벌였음에도 불구하고 결국에 사면을 받고 승승장구하여 맨해튼 프로젝트라고 불리는 미국 핵개발 프로젝트의 리더가 되었다.

크리스와 오펜하이머 둘 다 엄청난 IQ의 소유자라는 공통점을 가지고 있지만 인생의 마지막은 큰 차이가 났다. 글레드웰은 이러한 결과를 만들어 낸 것은 학교교육도 IQ도 아닌 문화적으로 가정에서 배운 '실용적 지능'과 '소통 능력'이라고 말한다. 즉 자신의 상황과 능력을 설득력 있게 상대방에게 설명할 수 있고 자신이 원하는 바를 얻어 낼 수 있는 능력의 유무가 다른 삶을 살게 했다는 것이다.

그러고 보면 오빠와 나는 생긴 것도 흥미도 적성도 너무 달랐지만 자유방임적이고 우리를 끝까지 믿어 주셨던 부모님께 함께 물려받은 공통점이 있는 것 같다. 그건 바로 소통 능력이다. 나의 오빠는 자신만의 소질을 이용해서 다른 이들을 섬기는 봉사라는 소통 능력으로 늦은 나이에 가족이나 친척, 친구 한 명도 없었던 낯선 곳에서 빠르게 적응했고, 새로운 환경에서 책임감 있는 사회의 일원으로 살아가고 있다.

타인을 이해하는 기본,
인문학

가장 소중한
유산

햇살이 따사로운 어느 날 영국인 커플 데이비드와 사라와 함께 카페에서 차를 마시며 정담을 나누고 있었다. 데이비드는 영국의 계층 사회에 대해 신랄한 비판을 했다. 영국에서는 신분에 따른 차별은 없어졌지만 사회적 계층 간 문화 격차가 심해 엉어 악센트(억양)만 들어도 그 사람이 중산층인지 노동자 계층인지 그 사람의 배경을 알 수 있을 정도라는 것이다. 이야기를 듣다 정말 영어 악센트로 구분이 가능한지 궁금해져 슬그머니 데이비드에게 귓속말로 물었다. "그럼 우리 옆 테이블에서 이야기를 하는 할머니와 할아버지는 어떤 계층이야?"

"할머니의 영어 악센트는 여왕이 사용하는 고급 영어(Queen's English)를 쓰는 것으로 봐 상류층이고, 할아버지는 옷차림이나 악센트가 전형적인 옥스퍼드 학자 스타일인 것으로 봐서 이곳에서 자라고 계속 공부해서 교수가 된 중산층일 거야."

20여 년이 지난 지금도 하얀색 옷깃이 있는 검정 벨벳 드레스에 희끗한 머리를 올린 할머니의 모습이 기억나는 것으로 보면 그날의 대화가 참으로 인상적이었던 것 같다.

영국에서는 어떻게 이런 계층이 유지되는 것일까? 유럽에서는 중산층이 우리나라처럼 중형차를 끌고 30평대 아파트에 사는 것과 같은 물질적인 풍요만 의미하진 않는다. 그것보다는 취미로 악기를 하나 정도 다룰 줄 알고, 한 달에 한 번 정도는 콘서트나 미술관 같은 문화생활을 즐기며, 자신이 믿는 바에 대해서 다양한 채널을 통해 표현할 수 있는 등의 '무형적인 가치' 곧 문화 자본의 여부에 따라 중산층을 정의한다.

이런 의미에서 옥스퍼드에 오랜 시절 살면서 내가 만났던 영국 중산층 가정에서 가장 인상적이었던 부분은 무엇보다 가정교육이라는 무형의 자산이었다. 어쩌면 가정교육이야말로 자신들이 살아 온 삶의 궤적을 반영하기 때문에 계층을 드러내는 데 가장 솔직한 부분이 아닌가 한다.

내가 만났던 많은 영국 가정 중에서 에드 목사님 부부가 가장 기억에 남는다. 우리 부부의 연애 시절과 신혼 초 우리 관계의 든든한 지지자이자 멘토를 자처해 주신 분들이다. 에드는 옥스퍼드에서도 상류층 집안의 학생들이 많이 다니는 모들린 칼리지(Magdalene College)에서 역사를 전공했다. 결혼한 후에 사모님과 함께 남아프리카로 선교를 다녀와서 다시 모교인 옥스퍼드에서

신학 박사과정을 마치고 지금은 영국의 기독교 NGO에서 활동하는 인텔리 계층이다. 그의 아내는 러시아 대문호 톨스토이 귀족 가문의 직계 자손으로, 부모님이 영국으로 이민을 와 런던에서 태어나서 영국인 같기는 하지만 러시아 귀족 가문의 자부심이랄까 엄격함 같은 면모가 엿보였다.

물론 자신의 배경에 대해서 좀처럼 드러내지 않고, 워낙 수수하게 옷을 입고 다니고 스스럼없이 이야기를 하셔서 그의 배경에 대해서는 전혀 모르고 있었다. 그러다 함께 저녁을 먹는 자리에서 우연히 결혼 전의 성이 '톨스토이'이고, 사모님의 친오빠가 『Tolstoy Family(톨스토이가 사람들)』를 썼다는 것을 알게 되었다.

이런 화려한 배경을 가진 두 사람이 보여 준 가정의 모습은 너무나 소박하고 정감 있었다. 옥스퍼드 시의 동쪽에 자리 잡은 화려하지 않은 영국식 가옥에서 3명의 아이를 키우고 있는데, 아이들은 저녁 7시면 잠자리에 들고 이후에는 부부끼리 개인적인 시간을 갖는 등 평범한 중산층 가정의 모습과 다르지 않다. 하지만 그 가정 안에 보이지 않는 교양과 매너가 느껴졌다.

목사님 부부는 아이들은 말을 시작할 때부터 격식이 있는 표현을 가르쳤다. 요청을 할 것이 있을 때는 예의 있게 'Could you'라는 표현을 사용하고, 자신의 의사를 명확하게 표현하도록 격려했다. 또한 일상에서도 아이들의 의사를 존중하고 그들의 의견에도 귀를 기울이는 것이 생활화되어 있었는데, 저녁 식사 메뉴를 정하는 것과 같은 아주 기본적인 것부터 아이들의 의견을 묻고 반영하려고 했다. 그리고 클래식 음악을 틀어 주고 같이 들으면서 아이들이 어떻게 생각하는지 물으며 자연스럽게 클래식과 가까워질 수 있도록 했다. 이처럼 부부는 아이들이 평생 동안 습관처럼 즐길 수 있는 취미를 만들어 주고 취향을 공유하고자 노력했다.

전 세계의 다양한 배경과 언어를 가진 학생들이 몰려오는 옥스퍼드란 환경도 다른 문화의 사람들을 이해하고 대화하는 방법을 배울 수 있는 훌륭한 교육의 장으로 활용하였다. 목사님 부부는 교회에서 만난 외국인 학생들을 종종 저녁 식사에 초대하고, 베이비시터 아르바이트도 제공했다.

중국에서 온 루나는 목사님 부부의 막내아들인 펠릭스와 놀면서 정원을 바라보는 커다란 창문에 빨간 마커 펜으로 여러 가지 중국어 표현들을 적어 놓았다. 한자와 그 밑에 알파벳으로 된 발음기호를 잔뜩 써 놓은 창문을 같이 보면서 루나는 펠릭스에게 기본적인 인사를 가르치기도 했다. 물론 호기심 많은 첫째 딸 소피아에게 지구본에서 중국이 어디에 위치하는지, 얼마나 많은 사람들이 살고 있는지 설명하는 것도 잊지 않고 말이다.

어렸을 때부터 다양한 문화와 환경에서 자란 학생들과의 교류를 통해 이 집 아이들이 전 세계 사람들을 마음에 품고 대화할 수 있는 큰 사람으로 자라날 수 있게 하는 것이 목사님 부부의 드러나지 않은 동기였음을 지금에서야 실감하게 된다.

사모님의 특이한 교육 방식은 직접 운영하는 블로그 'Classically Curious'에도 잘 나타나 있다. 사모님은 아이들에게 읽히는 다양한 책들을 비롯해 아이들을 어떻게 교육하는지 블로그에 자세히 소개했다. 블로그를 시작하게 된 이유는 ADHD 증상이 있는 둘째 아이를 홈스쿨링 하면서부터라고 했다.

ADHD 판정을 받은 아이들 중에는 자신이 직접 만져 보고 경험해 보아야 배우는 아이들이 많다. 그렇다 보니 선생님 입장에서는 말썽꾸러기나 주의가 산만한 아이로 오해하는 경우가 생긴다. 그래서 사모님은 집에서 학교와는 다른 방식으로 아이를 교육시키기 시작했다.

계절마다 바뀌는 풍경을 같이 만져 보고 경험했다. 비가 부슬부슬 오는 날에는 장화를 신고 물이 고인 웅덩이에서 뛰어 보기도 하고, 가을에는 낙엽을 밟으며 부스럭거리는 소리를 같이 들었다. 여기서 끝내는 게 아니라 가족 소풍을 다녀오면 바로 관련한 동화나 책을 읽어 주면서 직접 한 경험을 지식이라는 형태로 축적되도록 도왔다.

세 자녀와 영국과 유럽의 도시에 대한 이야기를 자주 읽었다. 찰스 디킨스의 『두 도시 이야기』를 각색한 동화책과 옥스퍼드 크라이스트 처치 칼리지를 배경으로 한 『이상한 나라의 앨리스』와 같은 책들을 함께 읽고 책에 나온 장소에 직접 가서 경험하면서 책에서 나온 이야기들을 함께 나누었다. 무엇보다 파리 여행을 계획하면서 아이들과 함께 읽은 동화책들은 여행을 더 재미있고 신나게 해 주었다!

숫자와 셈을 가르치는 방법도 독특했다. 손으로 만져 보는 걸 좋아하는 둘째 펠릭스를 위해 사모님은 숫자 모양을 한 쿠션을 만들었다. 펠릭스는 고사리 같은 손으로 조몰락거리면서 쿠션 숫자들과 친구가 되었다. 추상적인 개념을 몸으로 느낀 펠릭스가 덧셈이나 뺄셈을 익히는 데 별로 어려움을 겪지 않은 것은 당연한 결과이다.

또한 서양 고전 교육을 굉장히 중요하게 생각해 아이들에게 라틴어를 가르치셨다. 라틴어는 서양 인문학을 공부하기 위한 기본이 되기 때문이다. 예를 들면 『곰돌이 푸(Winnie the Pooh)』를 라틴어로 번역한 동화를 같이 읽는 등 딱딱하고 어렵게 느껴질 수 있는 라틴어를 아이들로 하여금 쉽게 접할 수 있도록 했다.

영어 단어 중에 'legacy'라는 표현이 있다. 한국말로 하면 '유산'으로 번역된다. 하지만 legacy란 단어는 한국에서 생각하는 유산이 가진 의미와는 많이 다르다. 왜냐하면 정신적이고 문화적인 요소를 많이 함유하고 있기 때문이다. 오히려 '정신'이라 번역하는 게 더 잘 어울릴 것 같다는 생각도 든다. 그런 의미에서 'family legacy'란 표현은 '한 가정이 대대손손 물려주고 싶은 정신적 가치'라 할 수 있겠다.

요즘 한국 사회의 뜨거운 주제인 금수저 흙수저 논란을 보면서 family legacy에 대해 다시 생각해 보게 된다. 경제 사회 문화의 전 부분에서 짧은 시간 동안 엄청난 성장을 한 한국 사회는 다음 세대에게 물질적인 것을 유산으로 남기려고 하지만, 역사와 전통이 오래된 영국에서는 물질적인 것보다 가족의 문화와 정신을 다음 세대에게 전하려고 하는 것이 아닌가 싶다. 에드 목사님 가정을 보면서 이 family legacy의 의미를 마음 속 깊이 느꼈다.

이 가정을 통해 나는 영국 중산층의 가정교육의 힘은 인문학의 전통에서 나온 것이라는 확신을 갖게 되었다. 영국인들이 인문학을 강조하는 것은 다른 사람을 이해하고 소통하는 것의 기본인 예절과 상대방에 대한 존중을 가르치기 위함이다. 우리 아이에게 내가 한없이 주고 싶은 것은 물질적인 것이 아닌 바로 인문학적인 소양과 타인을 존중하는 따뜻한 마음이기에 오늘도 나는 우리 아이에게 어떤 family legacy를 남겨 줄 수 있을까를 고민해 본다.

정답 없는
질문하기

옥스퍼드 대학 교육과정의 핵심은 튜토리얼(tutorial)이라는 1:1
혹은 1:2 소규모 수업이다. 학생과 교수가 매주 한 번씩 만나서
소크라테스식 문답 혹은 토론 형식으로 진행되는 수업을 말한다.
옥스퍼드 대학 학부 과정에 입학한 학생들이 신입생 때 받은 핸
드북에는 수업 과목당 배워야 하는 10~15개 정도의 주제와 그에
관련된 몇 개의 질문 그리고 그 질문에 답하기 위해서 읽어야 하
는 15~20개 정도의 추천 도서 목록(reading list)이 들어 있다.

첫 수업에서는 여러 개의 주제 중에서 옥스퍼드 학기 기간인
8주에 맞춰 각 주마다 학습해야 하는 8개의 주제를 정한다. 보
통 튜터를 맡은 교수의 전문 분야에 맞는 주제나 학생들이 흥미
를 가진 주제를 고른다. 튜터는 각 주제에 따라 관련된 여러 질문
을 제시하고 학생들은 그중에 하나의 질문을 골라서 튜토리얼 전
까지 4~5페이지 정도의 에세이를 작성한다. 그리고 이 에세이를
바탕으로 튜터와 이야기를 나누는 것이 옥스퍼드의 전통적인 학

습 방법인 튜토리얼이다.

1학년 말에 내가 고른 과목은 '지식과 현실(Knowledge and Reality)'이었다. 튜터는 철학 교수로 형이상학(meta-physics) 분야의 대가였고, 찰스라는 영국 남학생과 함께 1:2로 튜토리얼을 하게 되었다. 우리가 고른 첫 주제는 '지식의 본질(the nature of knowledge)'이고, 내가 처음 고른 질문은 이것이다:

How do you know that you know(네가 안다는 것을 어떻게 아는가)?

이 질문에 대한 에세이를 쓰기 위해 먼저 추천 도서 목록을 살펴보았다. 보통 중요한 책 혹은 논문 5~6권 정도에는 별표(*)가 붙어 있기 때문에 나는 이 책들을 도서관에서 찾아보았다. 옥스퍼드 학생들 대부분은 필요한 책을 사는 대신 도서관에서 빌려서 본다.

옥스퍼드의 대표 도서관인 보들레이안 라이브러리(Bodleian library)는 유럽에서 가장 오래된 도서관 중 하나이다. 이 도서관은 다양한 희귀 도서뿐 아니라 학생들이 원하는 거의 모든 자료들을 비치하고 있다. 영국에서 출간된 책의 모든 초판을 소장하는 납본 도서관(copyright library)이기도 한 이 도서관의 특징은 도서를 빌릴 수 없고 도서관에서만 읽을 수 있게 되어 있다는 것이다. 이는 도서관이 지켜온 오랜 전통으로 1645년에는 영국의 왕인 찰스 1세(King Charles I)가 책을 빌리려고 하다가 거절당했다는 일화가 있을 정도로 엄격하게 지켜지고 있다.

나는 이런 전통이 있는 도서관에서 주어진 주제에 대한 개괄서를 먼저 찾아 읽기 시작했다. 개괄서를 통해 '지식의 본질'에 대한 주제에서 가장 핵심이 되는 논쟁 중 하나가 '지식의 종류'와 관련된 사실이라는 것을 알았다. 지식의 종류에는 개념(concept) 혹은 명제(proposition)와 관련된 '사물과 현상에 대한 지식(knowledge that)'과 자전거를 타는 방법 같은 '활동이나 대상에 대한 지식(knowledge how)' 그리고 친구와의 관계 속에서 얻을 수 있는 '관계적인 지식(knowledge by relation)' 등이 있다. 그중 지식에 대한 제반 사항을 다루는 이론인 인식론에서 중요한 논쟁의 대상은 사물과 현상에 대한 지식이었다. 관련 자료를 쭉 읽어 본 나는 첫 질문에 대한 답변을 이 사물과 현상에 대한 지식으로 한정하여 에세이를 썼다.

두 번째 논쟁은 '지식에 대한 정의'에 관련된 것이었다. 개론서로 기본적인 내용을 파악한 후 한 발자국 더 들어가 깊이 있는 학습을 위해 지식에 대한 정의를 주로 논의하는 다른 서적들을 참고하여 읽기 시작했다. 그리고 여러 학자들의 지식에 대한 주된 논의 대상이 바로 '게티어 문제(Gettier Problem: 지식에 대한 전통적 정의인 '정당화된 참인 믿음'에 대해 의문을 가지면서 그 '정당화된 참인 믿음'은 필요조건일 뿐 충분조건은 아니라는 것을 밝혀냄)'라는 것을 찾아냈다. 이런 내 에세이에 대해 튜터는 게티어의 논증에 대한 여러 가지 반박을 단순히 논문이라 생각하지 말고 지식을 새롭게 정의하고자 하는 철학자들의 노력으로 간주해야 한다고 의견을 덧붙였다.

이처럼 옥스퍼드 교육과정의 목적은 지식 습득이 아니라 바로 탐구 그 자체다. "학생들은 주어진 주제를 진지하게 고민하고 가르치는 이들의 반복되는 질문에 답하며 자신의 생각이 무엇인지 숙고하고 스스로에게 질문하는 방법을 배우게" 되는 것, 바로 이것이 옥스퍼드 대학이 튜토리얼 수업을 통해 추구하는 교육 목표라고 할 수 있다.[4]

튜터마다 수업을 진행하는 방식이 조금씩 다른데 나의 철학 수업 튜터는 '이렇게 자료를 찾으라, 이렇게 논지를 잡으라, 이렇게 구조를 전개해 보아라' 등의 구체적인 가이드를 주지 않고 일단 혼자 (생각)해 보라고 했다.

특별한 지침 없이 시작한 에세이 작성은 너무도 당연하게 시행착오를 거칠 수밖에 없었다. 여러 자료를 참고하며 에세이를 작

---

4   앨런 라이언, 데이비드 팰프리먼 편, 「정치와 철학의 완성」, 『옥스퍼드 튜토리얼』 (2019), 바다출판사, 162쪽.

성하는 과정에서, 나도 모르게 한쪽의 논리로 쏠렸다가 반대쪽 논리로 돌아오기를 반복하면서 나 자신의 의견이 조금씩 생겨나기도 했다. 결국 썼다가 지웠다가를 반복하며 어렵게 어렵게 에세이를 완성해서 제출하였다. 나름대로 보람도 있었고 자신도 있었다.

하지만 수업 시간에 돌려받은 에세이에는 내가 잘 모르면서 논지를 펼쳤던 부분에 파고드는 질문이나 반박하는 의견이 빨간색 글자로 가득했다. 1시간 남짓한 수업 시간에는 그 질문들에 대해 토론을 하는데, 튜터는 내 생각이 '맞다', '틀리다'라고 이야기하지 않고 논리적 허점이라든지 학자의 주장을 잘못 해석한 부분을 고쳐 주는 방식을 택했다.

사실 내가 가장 당혹스러웠던 부분이 바로 이러한 교육과정이었다. 보통 한국에서의 학교교육은 주어진 주제에 대해 주어진 집합적 지식(a set of knowledge)을 먼저 학습한다. 그리고 가장 타당한 혹은 근접한 서술(statement)을 잘 외웠는지 시험을 통해 평가를 받았다. 객관식 시험에서는 맞는 번호를 고르거나 주관식 시험에서는 중요 단어나 짧은 문장으로 표현하는 방식으로 말이다.

하지만 옥스퍼드 교육과정은 주제에 대한 '질문'으로 시작한다. 질문도 하나만 있는 것이 아니라 여러 가지가 있고, 심지어 주어진 질문이 마음에 들지 않으면 내가 새롭게 질문을 만들 수도 있다. 옥스퍼드 튜터들이 항상 강조하는 것은 질문에 대한 '정답은 없다'는 것이다. 다만 스스로 생각하는 바에 따라서 내가 가진 생각을 타인에게 설명하고 나아가서 보편적 진리로 수렴될 수 있도록 설득할 수 있어야 한다.

그럼 튜터는 학생의 에세이에서 무엇을 요구하는가? 바로 주어진 질문에 대해 얼마나 '논리' 있게 대답하는가이다. 그렇기 때문에 PPE(Politics, Philosophy, and Economics: 정치, 철학, 경제) 과정을 포함한 모든 철학 과목이 들어간 옥스퍼드 대학의 학위 과정에서 신입생들에게 강조하는 과목 중 하나가 '논리학(logic)'이다. 나도 옥스퍼드에 도착해서 처음으로 신청한 과목 중 하나가 논리학 세미나였고 이 세미나에서 옥스퍼드 전 과정을 통해 배워야 하는 사고 훈련에 대한 준비를 할 수 있었다.

또한 튜토리얼은 단순히 자료를 읽고 에세이를 쓰고 토론하는 과정만이 아니다. 튜터 그리고 같이 수업에 참여하는 친구와 나누는 대화와 그 상호작용도 중요한 부분이다. 관련 주제에 대해 다면적인 사고를 하며 주어진 명제 및 정보에 대해 끊임없이 질문하고 의문을 제기하게 만드는 지적 습관을 형성시켜 준 것이야말로 옥스퍼드 튜토리얼이 나에게 준 가장 큰 선물이라 하겠다.

* 이 섹션은 김선, 「대학 융합교육을 통한 학습자의 지적, 인식론적, 관계적 성장 과정 연구: 영국 옥스퍼드 대학 PPE 과정 사례를 중심으로」(2019), 교육문화연구, 제25권, 제5호, 151-170쪽을 발췌 편집했습니다.

소통을 위한
교양 교육

옥스퍼드 대학은 성적을 산출하는 방식과 시험 제도가 참 독특하다. 옥스퍼드 학부는 우리나라와 미국과 같은 여느 나라의 학제 과정과는 달리 3년 과정으로 되어 있고, 1학년 시험을 통해 낙제생을 가려낸다. 말하자면 입학 후 전공과목으로 가기 위한 첫번째 관문을 통과해야만 전공과목을 공부할 수 있는 셈이다. 이 시험을 통과한 학생들은 2년간 전공과목을 공부하고, 3학년 말에 전공과목과 관련된 단 한 번의 시험으로 평가받는다.

내가 공부했던 PPE 과정의 경우 2, 3학년 동안 8과목을 배우니 3학년 말에 8개의 시험을 한꺼번에 보게 된다. 시험은 모두 에세이 형식으로 주어진 주제 중 3개를 골라서 3시간 동안 질문이 요구하는 답을 써야 한다.

3학년 말 논술형 시험 한 번만으로 전 과정의 공식적인 평가가 이루어지기 때문에 튜토리얼을 위해 학생이 쓰는 에세이는 개별 점수가 매겨질 수는 있어도 공식적인 학위 성적표에는 반영되지

〈학생들이 시험 보러 가면서 한숨을 쉬는 다리라는 의미를 가진 Bridge of Sigh〉

않는다. 그래서 혹자는 '공식적인 평가에 들어가지도 않는데, 과연 학생들이 튜토리얼에서 행해지는 학습을 진지하게 대할까?'라고 의문을 제기하기도 하다. 하지만 나는 여기에 옥스퍼드 대학 PPE 과정이 가진 교육의 비밀이 담겨져 있다고 생각한다. 바로 이러한 교육과정을 통해 '교양 교육'을 추구하기 때문이다.

교양 교육은 영어로 'liberal arts education'이다. 영어 단어 liberal이 함축하는 바는 "원래 자유를 지향하는 이들이 추구하는 '예술'이나 '과학' 등의 학문을 일컫는 말이며, 굽실거리는(servile) 혹은 기계적인(mechanical)과 같은 단어의 의미와 상반"된다.[5] 즉 교양 교육은 단순히 돈을 벌기 위해서, 사회적 영향력을 키우기 위해서와 같은 실용적 교육의 의미를 벗어나, '진리의 탐구'라는

학문 그 자체에 의미를 두는 면이 강하다고 할 수 있다.[6]

옥스퍼드 교육과정은 실용적 측면보다는 지식인에게 필요한 기본 소양에 초점을 두고 있다. 대학 교육이 경제 발전과 물질적 번영을 위해 과학과 기술 같은 경제적이고 실용적인 측면을 강조하는 것도 중요하지만, 그 이전에 문학, 예술, 철학, 역사와 같은 교양 교육을 통해서 학습자의 상상력 및 비판적 사고를 향상시키고 이를 통해 상대방을 배려하고 이해할 수 있는 인간을 길러 내는 것이 필요하다.

내가 옥스퍼드 학부 과정에서 배운 인식론, 형이상학, 윤리학, 정치 철학 등의 과목은 대학 졸업 후 내가 직업을 선택하고 직장을 잡는 데 직접적인 도움을 준 시쳇말로 '스펙'은 아니었다. 식사도 거르고 도서관에서 씨름하면서 써 낸 튜토리얼 에세이들도 나중에 받은 성적표에 전혀 반영이 되지 않았다. 하지만 나는 이를 통해 기본적인 지적 소양을 키울 수 있었고, "지성인의 교양으로서 대화, 사유, 토론, 논술과 같은 일반적이면서 보편적인 능력

---

5   데이비드 팰프리먼, 데이비드 팰프리먼 편, 「교육계의 권위이자 모범으로 인정받는 옥스퍼드 튜토리얼에 관하여」, 『옥스퍼드 튜토리얼』(2019), 바다출판사, 30쪽.

6   최연주, 「대학 교양교육과정 개선을 위한 국내·외 교양교육과정 비교분석」(2007), 청소년문화포럼, 16(1), 144-175쪽.

과 소양"을 배울 수 있었다.[7] 이는 가시적인 성과로 내 삶에 바로 드러나지는 않았다. 하지만 관계를 넓히고 깊이 있는 소통을 할 수 있도록 하는 근본적인 태도의 변화를 일으켰다는 점에서 그 어떤 공부보다 가치가 있었다.

"대학은 원래 순수한 학문의 자치 기구인 하나의 길드로서 지적 열정을 지닌 교수와 학생이 모여 학문을 논하고, 연구·교수·교육이 이루어지는 지적 공동체"로서 시작했다.[8] 옥스퍼드 대학은 튜토리얼이라는 제도를 통해 이런 대학의 전통적인 기능을 실천한다. 정확하게는 튜터와 학생의 상호 관계 맺기를 통해 충분한 사색과 토론 그리고 소통의 시간을 학생에게 만들어 준다.

튜토리얼은 학생으로 하여금 "자신의 생각을 분명히 표현하도록 하고, 그 생각이 난관에 부딪혀도 이내 극복하여 더욱 견고한 세계관을 형성하도록" 할 뿐만 아니라 과제 해결을 위해 스스로 고민하고 분석하고 검토하며 "자신의 학문을 숙성시키는 모든 과정"을 충분히 갖게 한다.[9] 그래서 학생들은 교사가 원하는 생각이

---

7 손승남, 「대학설립 초기의 교양교육 전통과 그 창조적 재생」(2013), 교양교육연구, 7(2), 199-220, 212쪽.

8 위의 논문, 204쪽.

9 데이비드 팰프리먼, 데이비드 팰프리먼 편, 「교육계의 권위이자 모범으로 인정받는 옥스퍼드 튜토리얼에 관하여」, 『옥스퍼드 튜토리얼』(2019), 바다출판사, 44쪽.

무엇인지에 얽매이지 않고 자기만의 생각을 만들어 간다.

이것이 우리에게 기본 소양을 키워 주는 교양 교육이 필요한 이유다. 비판적이고 독립적인 사고, 스스로에 대한 반성 및 평가, 그리고 궁극적으로는 다른 이들과 공감하고 소통할 수 있는 능력을 배양할 수 있게 해 주는 것, 이것은 바로 옥스퍼드가 추구하는 소통 능력의 핵심이며 교양 교육의 목표라고 하겠다.

* 이 섹션은 김선, 「대학 융합교육을 통한 학습자의 지적, 인식론적, 관계적 성장 과정 연구: 영국 옥스퍼드 대학 PPE과정 사례를 중심으로」(2019), 교육문화연구, 제25권, 제5호, 151-170쪽을 발췌 편집했습니다.

잉그리드 교수님
법칙

옥스퍼드 박사 시절 지도 교수님의 별명은 '노르웨이 얼음 공주'였다. 차가워 보이는 인상 때문에 학생들 사이에서 그렇게 불렸다. 노르웨이 출신인 잉그리드 교수님은 1950년대 옥스퍼드 대학에 여학생이 거의 없었을 때 학부를 졸업하실 정도로 엘리트였고, 옥스퍼드 대학에 교육 대학원을 만들고 학장을 역임할 정도로 역량이 대단한 분이셨다.

나도 첫인상이 너무 차가워서 처음에는 덜덜 떨면서 튜토리얼에 가곤 했다. 하지만 잘하지는 못해도 열심히 수업과 논문에 임해서일까? 시간이 지날수록 교수님의 태도는 인자해지셨다. 아무리 형편없는 글을 써 가도 항상 한두 가지 칭찬을 해 주신 다음에 비판을 하셨다. 나는 이러한 태도를 '잉그리드 교수님 법칙'이라고 불렀다. 언제나 내가 쓴 글에 대한 첫 번째 독자인 남편은 때로는 학자로서 거침없는 비판을 쏟아 놓기도 한다. 그때마다 나는 이렇게 말하곤 한다.

"잉그리드 교수님 법칙 기억하세요. Praise. Then, Criticize(칭찬 먼저! 그리고 비판하기)."

이는 선생님으로 학생을 가르칠 때나 부모로서 아이를 키울 때만이 아니라 인간관계에서 기억하고 노력해야 하는 부분이다. 우리나라는 유교적인 문화 때문인지는 몰라도 칭찬에는 인색하고 반대로 비판에는 후한 부분이 없지 않다.

이에 반해 미국 사람들은 전 세계에서 가장 칭찬에 후한 사람들일 것이다. 아이들이 별거 아닌 것을 성공했을 때에도 과장해서 칭찬한다. 직장 동료가 새로운 옷을 입고 나타나도 마찬가지다. 'Wonderful!', 'Super!', 'Awesome!'이란 단어를 입에 달고 산다. 미국에 살 때는 이들의 이런 과장된 칭찬이 좀 부담스럽게 느껴진 적도 있었지만, 지금은 이런 칭찬이 그립다. 영국 사람들도 미국 사람들만큼은 아니어도 'Brilliant!', 'Great!'라는 말을 많이 붙이는 편이다.

Wonderful! (경이로워!)

Super! (대단해!)

Awesome! (기막히네!)

Brilliant! (훌륭해!)

Great! (엄청나!)

과연 주변 사람들에게 이런 말을 몇 번이나 해 줄까? 한번 생각해 볼 문제이다. 내 경험으로 미국 사람들은 평균 하루에 20번 이상, 영국 사람들은 10번 이상은 이러한 표현을 즐겨 쓰곤 했다. 하지만 한국에서는 이런 표현을 거의 들어 본 적이 없다. 한국에 돌아온 후 나도 칭찬에 인색해지고 상대의 실수나 잘못에는 엄격한 비판을 가하는 것은 아닐까 종종 반성한다.

스탠포드의 심리학 교수 캐롤 드웩(Carol Dweck)는 스탠포드 대학 학생들을 대상으로 한 실험과 관련해 다음과 같은 결과를 발표했다. 'You must be hard-working(너는 참 성실하구나).'라고 칭찬을 받은 학생들이 'You must be intelligent(너는 참 똑똑하구나).'라고 칭찬을 받은 학생들보다 학업에 어려움이 왔을 때 극복할 확률이 높았다고 한다. 왜냐하면 성실함에 칭찬을 받은 학생들은 과제의 어려움에 상관없이 자신이 '노력하는 태도'에 가치를 둔 반면, 똑똑하다는 '재능'에 대한 칭찬을 지속적으로 받은 학생들은 어려운 과제 앞에서 자신들이 힘들어하는 것을 견디지 못하거나 다른 사람들의 평가에 민감하게 반응했기 때문이다.[10] 이렇게 자신이 오랜 시간 동안 연구한 결과를 분석하면서 드웩 교수는 가장 효율적인 칭찬에 대해 이렇게 이야기한다. 바로 그 사람의 어떤 성

---

10 캐롤 드웩, 『성공의 새로운 심리학』(2017), 부글북스.

품이나 기질보다는 노력이나 행동에 대해 칭찬하라는 것이다. 예컨대, '정말 착하구나!'라는 칭찬보다는 '동생과 함께 책 정리를 하다니 정말 잘했구나!'라는 칭찬이 더 효과적이라는 것이다.

물론 드웩 교수가 열거한 사례를 하나하나 생각해 가면서 칭찬해 주려면 칭찬이 어려운 일처럼 느껴지기도 하지만 우리 문화에서 인색한 '칭찬을 하는' 방법을 배운다는 측면에서 의미가 있다고 할 수 있다. 칭찬이 거창한 일이 아니라는 것을 나는 영국인 지도 교수로부터 배웠다. 대화를 칭찬으로 시작하는 것, 그리고 비판보다 칭찬으로 상대방의 마음을 얻는 것과 같은 작은 습관 말이다. 하지만 이러한 작은 습관이 쌓이게 되면 문화가 되고, 숨막히는 연공서열을 뛰어넘는 좀 더 개방적이고 평등한(egalitarian) 사회로 변화하는 초석이 될 것이라 믿는다.

발표의
달인

영국 옥스퍼드 대학에서 학부 과정으로 정치·철학·경제를 전공하고 학사 학위 논문을 준비하면서 미국의 대북 정책 변화와 관련된 연구를 진행했다. 자연스럽게 영국과 미국, 한국을 오가면서 전문가 인터뷰를 했고, 한반도 문제에서 미국 정책의 중요성에 대한 인식하게 되었고, 미국에서 국제 관계학(International Relations)으로 유명한 조지타운 대학(Georgetown University)의 외교학 석사(Masters of Arts in Foreign Service) 프로그램에 입학했다. 이는 영국에서 만났던 한 독지가의 도움으로 장학금을 받게 된 덕분에 얻게 된 기회이기도 했다.

외교학 석사과정 입학생 90명 중에 반 정도가 미국 아이들이었고, 나머지 반 정도가 국제 학생들이었다. 첫 학기에는 모든 학생들이 공통적으로 국제 관계, 세계화, 국제무역, 국제금융, 네 수업을 들어야 했다. 국제 관계와 세계화 수업은 한 반에 15명 정도, 국제무역과 국제금융은 한 반에 30명 정도였는데, 내가 들어

언어의 쓸모

간 반은 미국 학생들이 더 많았다.

옥스퍼드 대학에서 정말 힘들게 훈련받았기 때문인지 조지타운 대학의 공부는 그리 어렵게 느껴지지 않았다. 미국 교육은 발표하고 토론하는 것을 중요시한다. 그래서 책을 읽고, 말할 수 있으면 된다. 반면에 영국 교육은 말하는 것에서 끝나지 않고 그 주제에 대한 확실한 자기주장을 세우기 위해서 꼭 글을 쓰게 한다. 옥스퍼드에서도 공부한 주제에 대한 에세이를 꼭 쓰도록 했다. 그래서 쓰기 단계가 생략된 미국의 수업이 옥스퍼드에 비해 상대적으로 쉽게 느껴진 것은 어쩌면 당연한 것일 수 있다.

미국 수업에서 가장 좋았던 것은 아무리 바보 같은 질문을 해도 성심성의껏 대답해 주는 교수님의 태도였다. 그래서인지 미국 수업에서는 항상 질문이 넘쳐 난다. 국제 무역 수업의 교수는 달변가인 인도계 미국인 교수였는데 얼마나 질문을 잘 받아 주었는지 나중에는 수업의 흐름이 끊기는 바람에 학생들끼리 한 사람당 두 개 이상의 질문은 하지 말자는 규칙을 정할 정도였다. 모르는 것에 대해서는 항상 질문을 하고 타인의 어리석은 질문이나 의견까지도 관용해 주는 문화를 보면서, 나는 미국을 이끌어 가는 창조와 혁신의 비밀은 바로 '질문'에서 나오는 것이라는 생각도 들었다. 엉뚱한 생각은 창의성의 다른 이름이니까 말이다.

미국에서는 모든 수업이 스터디 그룹을 만들어 과제를 해결하는 방식으로 진행하는 경우가 많았다. 미국의 대학과 대학원에서는 지식의 습득만큼이나 협업하고 소통하는 과정을 통한 문제 해결을 자체를 중시하기 때문이다. 조지타운 대학 같이 전 세계 나라에서 학생들이 오는 곳에서는 이질적인 나라의 학생들을 그룹화하여 스터디 그룹을 만드는 것을 선호했다. 이를 통해 과제에 대한 다양한 '관점'에 대해 배우는 것뿐만 아니라 일하고 공부하는 다양한 '문화적 방식'에 대해 배우는 것도 중요하게 여겼다.

우리 스터디 그룹 역시 미국 출신 소콜과 멕시코에서 온 페넬로프와 호세피나, 일본 출신 케이지, 그리고 한국 사람인 혜승 언니와 나, 이렇게 다양한 배경을 가진 사람들이 모여 있었다. 나는 스터디 그룹이 모일 때마다 풀어야 할 문제들을 각각 분배를 하고, 모일 시간과 장소를 알리고 필요한 문서를 복사하는 등 모임의 총무(organizer) 역할을 했다.

스터디 그룹 안에서 지속적으로 대화를 하고, 대화뿐만 아니라 수업도 대부분 발표와 토론 위주로 이루어지는 것을 보면서 나는 미국식 교육의 진수야 말로 '끊임없는 발표를 통한 말하기 실력의 숙달(mastery)'이라는 생각이 들었다.

세계적인 베스트셀러 『12가지 인생의 법칙(12 Rules of Life)』의 저자이자 캐나다 토론토 대학의 심리학 교수인 조단 피터슨(Jordan Peterson)은 전 세계의 젊은이들에게 마음이 담긴 뼈 있는 독설을 하기로 유명하다. 『12가지 인생의 법칙』을 쓰게 된 계기도 온라인 커뮤니티에서 학생들에게 인생 조언을 계속 주다가 아예 이걸 책으로 정리해 보자는 생각이 들어서였다고 한다. 풍요로운 세대를 살지만 정서적으로 빈곤하여 자존감을 잃어 가는 이들에게는 "먼저 네 방부터 치워라!"라는 실용적인 조언을 한다. 그리고 결혼과 연애에 대해서 철학적이고 문학사적인 고찰을 통한 현실적인 해결책도 제시한다. 책에는 심리학자로서의 혜안뿐만 아니라 방대한 영역에서 걸쳐서 참고할 만한 인생에 대한 중요한 조언이 담겨 있다.

그러한 그가 교육에서 가장 강조하는 것이 바로 'power of articulated speech'이다. articulate란 영어 단어의 뜻은 '조리 있게 말하다'인데, 위의 구절은 '조리 있게 말하는 화술의 힘 혹은 영향력' 정도로 번역이 될 수 있을 듯하다. 피터슨 교수는 학생들이 대학에 가서 배워야 하는 가장 중요한 것은 좋은 직업을 갖기 위한 기술도 방대한 지식도 아니라고 주장한다. 대신 다양한 사람들과의 소통(이 소통에는 도서관에 있는 소위 고전이라고 불리는 위대한 작가들의 명저들을 읽는 것도 포함된다)을 통해 학생이 얻게 되는 '표현 능력'이야 말로 대학 시절 학생이 배워야 할 가장 중요한 기술이자 덕목이라고 역설한다. 물론 이러한 표현 능력은 단시간에 걸쳐 얻어질 수 있는 것이 절대 아니다. 그래서 사회에 나오기 전

황금 시간인 대학 시절부터 이러한 표현 능력 및 소통 능력을 연마하는 것이 중요하다고 강조하는 것이다.

내가 보기에 미국인들은 발표의 달인이다. 어릴 적부터 아무리 허튼소리 같은 질문이나 의견이라도 들어 주는 교육적 환경에서 지속적으로 대화하는 수업을 해서일까? 별로 인상적이지 않은 내용도 대단한 것처럼 포장해서 이야기하는 미국 학생들의 자신감은 세계 최고인 것 같다. 어쩌면 그 자신감이 미국을 세계 최강국으로 만들었는지도 모르겠다. 위대한 발견이나 상품, 프로그램도 처음에는 정말 하찮은 아이디어에서 시작하는 경우가 많지 않은가. 미국의 교육적 환경은 이런 하찮은 아이디어들이 비판을 뚫고 용기 있게 발현될 수 있는 풍토를 마련해 준다.

나는 한국의 교육제도 가운데 미국의 영향에 대해 관심을 가지게 되어 박사 논문의 주제를 '해방 직후 미국 군정기와 소련 군정기 동안 남북한의 교육개혁에 대한 연구'로 했다. 연구를 하면서 우리나라 교육의 학제나 고등교육이 초기에 미국의 영향을 많이 받았고, 지금까지도 우리나라의 교육제도 속에는 미국의 영향력을 남아 있다는 사실을 실증적으로 밝혀냈다. 하지만 아쉬운 것은 제도적인 영향은 많이 받았는데, 자유로운 토론 및 발표 문화나 학생들의 실수나 하찮은 생각마저 용인해 주고 질문을 격려해 주는 문화 등의 영향은 크지 않은 것 같다. '제도'의 영역에서 수용할 수 없었던 미국 교육의 철학과 문화들이야말로 우리 교육이 벤치마킹해야 하는 핵심 가치일 것이다.

내가 비교교육학자로서 쓴 첫 번째 저서 『교육의 차이』에서 밝혔듯이 미국 교육의 세 가지 핵심 키워드는 '도전 정신, 오픈 마인드 그리고 자존감'이다. 미국 사회를 이끌어 가는 엘리트들은 어릴 적부터 가정에서나 학교에서 자신의 의견을 주저 없이 발표하고 남의 의견을 존중하는 교육적 환경으로 인해 자신감이 충만하다. 설령 허세일지라도 격려해 주는 분위기 안에 자란 미국 학생들은 멋지게 도전해 보고 실패도 해 보고 열린 자세로 다시 일어나서 시도해 볼 수 있게 된다. 그리고 이러한 과정을 통해 허세는 진정한 자존감으로 바뀌게 된다.

제2장 • 타인을 이해하는 기본, 인문학

베니스의
상인

셰익스피어의 희곡 중에서 내가 가장 정성을 들여 읽은 작품은 『베니스의 상인』이었다. 『로미오와 줄리엣』이나 『햄릿』 같이 유명한 작품을 놔두고 『베니스의 상인』을 열심히 읽게 된 이유는 바로 함께 공부했던 학생 때문이었다.

대학교 입학 전에 몇 개월간 한국에서 시간이 있었던 나는 국제 학교에 다니는 학생의 공부를 도울 수 있는 기회가 있었다. 가벼운 난독증이 있는 학생이었는데 부모님은 아이가 책 읽는 것을 싫어한다고 일찌감치 진로를 미술 쪽으로 정했다.

나는 공부하기 전에 30분 정도 시쳇말로 수다를 떨면서 학생의 관심사를 파악하고 관계를 형성해 갔다. 함께 나눈 이야기들은 공부와 관련된 것들도 있었지만, 공부와는 전혀 상관없는 좋아하는 연예인에 관한 이야기나 학교 친구들 이야기, 그리고 그날 먹은 맛있는 음식 이야기와 같은 주제까지 실로 다양했다. 나는 언제나 학생의 이야기에 관심을 보이며 충분히 경청해 주었고, 이는 학생도 내가 하는 이야기에 귀를 기울이게 하는 바탕이 되었다. 학생이 내 이야기를 듣기 시작하는 그 시점부터 공부를 시작했다.

부모님으로부터는 아이가 책을 싫어해서 거의 읽지 않는다고 들었는데, 막상 만나서 이야기를 나누어 보니 문학작품을 좋아하고 관심도 많았다. 다만 책을 많이 읽으면 현기증이 나듯이 머리가 어질어질하다는 거였다. 그래서 선택한 방법이 하루에 1페이지 책 읽기였다. 마침 학교 영어 수업에서『베니스의 상인』을 공부하고 있어서 우리는 그 책을 함께 읽어 가기 시작했다.

어떤 날은『베니스 상인』의 문장이 너무 어려워서 한 문단만 읽은 적도 있다. 어려운 단어를 하나하나 다 설명해 주고, 구조가 어려운 문장은 같이 화살표를 그려가면서 문법과 내용을 이해시켜 주었다. 그리고 문장과 문장 사이에 숨겨진 뜻이나 작가의 의도 같은 것도 이야기해 주었다. 예술 쪽에 소질이 있는 학생이기에 그런지는 몰라도 깜짝 놀랄 만큼 기발한 해석을 한 적도 많았다. 비록 한 문단을 읽더라도 그 수업을 통해 셰익스피어와 그 작품이 만들어졌던 시대적 상황과 작품에 대한 내용을 전체적으로 파악하면서 더 깊은 공부를 했다.

물론 함께한 공부는 나에게도 큰 도움이 되었다. 한 문장 한 문장 함께 공부했던『베니스의 상인』은 훗날 영국과 미국에 살 때

만났던 유대인 친구들을 이해할 수 있게 되는 단초가 되었다.

『베니스의 상인』의 내용을 간단히 갈무리하자면, 이 소설의 주인공은 유대인 고리대금업자 샤일록이다. 선량한 베니스의 시민이었던 안토니오는 자신의 절친인 밧사니오를 위해 샤일록에게 돈을 빌리면서 돈을 제때 갚지 못하면 자신의 가슴살 1파운드를 베어 내도 좋다는 약속을 한다. 그런데 안토니오의 배가 풍랑을 만나 제대로 도착하지 못하는 바람에 안토니오는 위험에 처하게 되고, 샤일록은 약속대로 가슴살 1파운드를 내놓으라고 한다. 재판관의 설득에도 불구하고 샤일록은 평소에 자기를 무시했다고 생각하는 안토니오에게 자비를 베풀기를 거부했고, 결국 재판관이 기지를 발휘하여 가슴살 1파운드를 베어 내되, 안토니오의 피를 한 방울이라도 흘리지 말아야 한다고 판결해 결국 안토니오가 생명을 구하게 되는 이야기로 끝이 난다.

셰익스피어의 『베니스의 상인』에는 16세기 영국인이 유대인에 대해 가졌던 인식이 오롯이 드러난다고 할 수 있다. 바로 자신의 이득을 위해서는 물불을 가리지 않으며, 약삭빠르고 차가운 돈 많은 사람의 모습이다. 독일 나치 정부의 유대인 대학살로 유대인에 대한 연민과 공감이 깊어지고, 인식이 많이 바뀐 것은 사실이지만 그래도 무의식적으로 존재하는 유대인에 대한 편견과 일종의 두려움은 여전히 남아 있는 듯하다. 그리고 이런 인식이 우연한 것은 아니라는 생각이 들었다.

실제 유대인들은 미국을 비롯해 유럽 전역 여러 나라에 정치계, 법조계, 금융계 등의 분야에서 중요한 위치에 포진해 있다. 혹자는 유대인들이 전 세계를 이끌어 나가고 있다고 표현하기도 했는데, 지나친 말이 아닐 정도로 다양한 분야에서 활발하게 활동하고 있는 유대인들을 만날 수 있다. 이스라엘 국가 성립 전까지만 해도 제대로 된 국가 없이 세계를 떠도는 소위 디아스포라 민족으로 살아야 했기에 스스로 자신의 삶을 개척하지 않으면 외부로부터 오는 수많은 핍박과 수모를 견딜 수밖에 없음을 민족성 가운데 깊이 간직하고 있었으리라!

미국의 수도인 워싱턴 D.C.에 위치한 조지타운 대학교의 외교학 석사과정에 다니면서 유대인들의 이러한 탁월한 면모를 발견할 수 있었다. 외교학과 학생들이 아지트처럼 모이는 곳은 조지타운 도서관 지하에 있는 카페였다. 나름 부지런한 학생이라는 자부심을 갖고 있던 나보다 항상 먼저 와 있는 학생들이 있었다. 러시아에서 온 유학생 마테오와 190센티가 넘었던 미국인 매튜, 중국의 투자은행에서 일하다가 공부하기 위해 학교로 돌아온 미국인 스테파니 등이 바로 그들이었다.

겉으로 보기엔 국적도 나이도 다르고, 아무런 공통점이 없어 보이는 이들이 모두 유대인이라는 것을 한참이나 나중에 알게 되었다. 유대교의 모자인 키파를 쓰고 다닌 러시아 유학생 마테오를 제외하곤 종교적으로 유대교를 따르는 학생들은 아니었지만 유대 문화 속에 자란 그들의 DNA 속에는 '남들보다 일찍 일어나 더 많은 일을 하는 것'을 당연하게 여기는 유전자가 흐르는 것 같았다. 유대인들이 뛰어난 것은 남들보다 일찍 일어나 아침부터 조용히 도서관의 한구석을 장악하고 실력을 키운 것도 무시할 수 없다.

부지런함만이 이들의 공통점이 아니다. 또 다른 특징은 엄청난 달변가라는 것이다. 어렸을 때부터 받아온 하브루타(Havruta, חַבְרוּתָא) 교육의 영향 때문인 것 같다. 우리나라 학부모들 사이에서도 열풍이 불었던 유대인의 전통 대화식 학습법인 하브루타에서 하브루타라는 단어가 의미하는 바는 '동료' 혹은 '우정'이다. 유대인은 동료(Peer)와의 상호작용을 통해서 생각 및 아이디어를 발전시켜 나가는 것을 중요시 여겼고, 이는 유대인의 삶의 양식이자 교육철학이 되었다. 그래서 일반적으로 도서관에서는 조용히 공부에 집중해야 한다는 통념과는 반대로 시끌벅적하게 자유롭게 토론하고 소통하는 곳이 유대인들의 하브루타 도서관이다.

미국의 심장부에서 유대인 친구들과 사귀면서 그들의 협동 정신과 헌신을 목격하고, 유대인이 미국의 금융, 학계, 엔터테인먼트 전 영역을 장악하고 있는 게 우연은 아니라는 생각이 들었다.

우리나라에서도 하브루타 교육에 대한 관심이 고조되고, 유대인들의 문화적 소양을 배우려는 열풍이 뜨겁게 불었던 적도 있었다. 교육학자로서 이스라엘의 영재 교육, 토론 교육, 소프트웨어 교육 등을 비교교육학적으로 연구하는데, 나 역시 연구를 거듭할수록 유대인의 탁월성(excellence)에 놀라게 된다.

물론 많은 유대인 친구들이나 동료들과 교류하면서 그들의 강점뿐 아니라 한계도 경험했다. 대학을 졸업하고 일한 첫 직장은 샌프란시스코에 본사를 둔 교육 IT 스타트업 기업 바틱이었다. 이곳에서 유대인 직장 상사와 함께 일할 수 있는 기회가 있었다. 유대인 출신인 D는 미국의 명문대인 예일대를 졸업하고 구글에서 일을 하다가 바틱의 CEO로 아시아 시장을 개척하고자 처음으로 한국 땅을 밟았다.

D는 자기 관리가 엄청나게 철저하여 운동을 위해 닭 가슴살 위주의 식사를 하고 자기가 먹는 식단 이외에는 다른 음식을 시도해 보는 것조차 극도로 꺼려했다. 미국에서 같이 온 리처드가 한국인 동료들과 안동 찜닭과 비빔밥 같은 다양한 한국 음식을 함께 먹으며 한국 문화에 대한 이해를 높이려고 노력한 반면, D는 항상 유기농 샐러드 가게에서 닭 가슴살 샐러드가 담긴 도시락을 시켜서 사무실에서 혼자 먹곤 했다.

외적으로 보면 D는 너무나 훌륭한 보스였다. 일처리는 깔끔했고, 말은 청산유수였으며 열심히 운동을 한 덕에 체형도 좋았다. 게다가 미국인 특유의 매력적인 미소도 가졌다. 하지만 자기 확신에 충만해서 한국에 대해서 제대로 들을 준비가 되지 않았던 것이 가장 문제였다. 나는 D가 한국 시장을 파악하는 것을 돕기 위해 다양한 한국의 교육 전문가들과의 미팅을 주선했는데, 회의 때마다 고압적인 태도 때문에 난감했던 적이 한두 번이 아니었다.

미국의 명문 아이비리그 대학을 졸업하고 미국 최고의 직장에 다녔던 D는 어디서나 자신감이 충만했고, 자신의 나이보다 두 배는 족히 많은 어른들 앞에서도 주눅 드는 법이 없었다. 하지만 한국 시장이나 문화에 대한 이해 없이 선진국인 미국의 교육 시스템을 그대로 도입하려고 해서 문제를 일으켰고, 함께 일했던 한국 사람들의 조언도 가볍게 넘겨 버려서 기분을 상하게 했다.

나는 D를 보면서 베니스에 살던 사람들이 샤일록에게 이런 기분을 느꼈겠구나 이해할 수 있었다. 그에게는 인간미가 없었다. D와 이야기를 하다 보면 너무나 완벽한 플라스틱 인형과 이야기하고 있다는 느낌마저 들기도 했다. 아무리 훌륭하고 멋지고 탁월하더라도 우리는 다른 사람들과 같이 살고 일하기 때문에 공감하고 맞춰가야 하는 존재들이다. 따라서 마음을 나누지 못한다면 나의 탁월함이 타인에게는 상처가 되어 오히려 미움과 편견만을 만들어 낼 수 있는 것도 엄연한 사실이다.

언어의 쓸모

재판관이 '베니스의 상인'에게 요구했던 자비로운 마음(mercy)이야 말로 셰익스피어가 자신의 희곡을 통해 우리 모두에게 말하고자 했던 주제였던 것 같다. 비단 샤일록과 같은 유대인뿐만 아니라 무한 경쟁 사회에서 늘 탁월하기를 요구받는 우리 아이들에게도 알려 주어야 할 소중한 교훈이 바로 이 자비로운 마음이 아닌가 하는 생각이다. 이것이 바로 내가 책이 아닌 사람 대 사람의 만남으로 체험한 가장 큰 소통에 대한 교훈이기도 하다.

말없는 자연 속에서
철학하기

이상한 나라의 앨리스를
찾아서

　나는 대학원 시절 말기에 옥스퍼드 시내에서 버스를 타고 30분 정도 떨어진 컴너(Cumnor)라는 조그마한 마을에서 살았다. 영국 교회에서 만난 페피 할머니는 영화에 나올 법한 자신의 집을 학생들이 편안하고 저렴한 가격에 지낼 수 있도록 배려해 주셨다. 컴너에서 1년 남짓 생활을 하면서 나는 영국인의 삶과 정서에 대해 많은 것을 배울 수 있었다.

　할머니는 철마다 갖가지 꽃으로 정원을 가꾸셨다. 햇볕이 좋은 날이면 정원에서 책을 읽으면서 티를 마시는 게 할머니의 소소한 즐거움이었다. 내가 영국을 떠나오기 바로 전에는 당신 평생의 소박한 꿈이었던 유리로 만든 가든 하우스도 세우셨다. 그곳은 할머니가 친구들을 초대해 함께 티타임을 가지는 작지만 따뜻한 공간이었다.

　페피 할머니의 집 바로 앞에는 기다란 산책로가 있었는데 그 길을 쭉 따라가면 넓은 벌판이 펼쳐졌다. 그리고 그 벌판에는 젖소 농장이 있었고, 소와 양이 풀을 뜯어 먹으면서 놀았다. 사람들이 오는 것에 익숙한지 양들은 사람이 가까이 가도 개의치 않고 부지런히 풀을 뜯었다.

소떼와 양떼를 지나 더 벌판을 들어가다 보면 마치 「반지의 제왕」에나 나올 법한 숲이 나온다. 나무가 얼마나 울창한지 햇빛이 잘 비치지 않은 곳도 많았고, 이끼와 버섯이 여기저기 피어 있었다. 나는 이곳에서 신기한 것을 발견했다. 바로 나뭇가지로 지은 오두막집이었다. 커다란 나무줄기를 기둥 삼아 마름모꼴로 가지를 이리저리 엮어 놓은 것이 전문가의 솜씨는 아니었다. 숲속 안 곳곳에 이렇게 허술한 오두막집들이 있었는데, 페피 할머니께 물어보니 마을에 사는 아이들이 지어 놓은 것이란다!

나는 숲속을 산책하면서 종종 마주친 개구진 얼굴의 영국 아이들이 떠올랐다. 수줍은 표정을 지으면서도 얼굴에 '나 개구쟁이예요!'라고 써져 있던 아이들. 그 아이들은 수시로 이곳에 와서 상상의 나래를 펼쳤을 것이다. 오두막은 난공불락의 성이 되기도 하고, 난쟁이들이 살고 있는 집이 되기도 하며, 앨리스가 토끼를 따라 굴속으로 들어가 마술이 가득한 이상한 나라로 갔던 것처럼 놀라운 세계로 이끄는 입구가 되기도 했을 것이다. 아이들은 이곳에서 탐험, 환상, 실험을 자유롭게 즐기는 듯했다. 이곳은 은유가 가득한 이야기를 나누며, 쉽게 그리고 마음을 다하여 서로에

〈자연 속에서 자유롭게 노는 영국 아이들〉

게 공감하는 그런 멋진 장소였다.

　이처럼 옥스퍼드에는 아이들이 상상할 수 있는 그런 공간이 참 많다. 옥스퍼드 북쪽에 있는 포트 메도우(Port Meadow)라는 유명한 목초지에서는 떼 지어 달리는 소뿐만 아니라 다양한 종류의 철새도 관찰할 수 있다. 그뿐만 아니라 테임즈 강을 따라 나 있는 산책길을 걷노라면 여름철에는 속옷을 입고 다이빙하고 수영하는 영국 아이들을 많이 볼 수 있다. 영국에서 친하게 지냈던 에드 목사님 부부도 아이들과 함께 계절에 따라 변하는 포트 메도우의 풍경을 보러 가곤 했다.

　포트 메도우를 20분 정도 걸으면 도착할 수 있는 The Perch라

〈부모와 함께 온 아이들도 많았던 The Perch Pub〉

는 펍(Pub)이 있는데 '선술집'이라는 말이 무색하게 아이들도 많이 왔다. 부모님과 함께 포트 메도우 구경을 왔다가 애프터눈티 (Afternoon Tea)를 마시러 온 아이들이었다. 옆 테이블에 앉아 있는 영국 부모와 아이들의 대화가 들릴 때가 있다. 산책을 하면서 보았던 새의 색깔 이야기, 진흙에 장화가 빠진 이야기까지 정말 다양한 이야기를 나눠서 재미있던 기억이 난다.

옥스퍼드 교육학과 대학원 시절 친하게 지냈던 선배와 발달 심리학자 레프 비고츠키(Lev Vygotsky)의 인지발달이론을 바탕으로 영국아이들의 성장 과정에 대해 이야기한 적이 있다. 비고츠키는 아동도 독립적으로 존재할 수 없는 사회적 존재이기 때문에 사회, 문화, 역사적 환경의 중요성을 강조했다. 특히 어린 시절 성인과의 사회적 상호작용이 인지 발달 영역에서 가장 중요한 '주관적 상상의 형성'에 지대한 영향을 준다고 한다.[11]

또한 영유아기에 소박한 놀이와 동화와 같은 환상적 이야기가 풍성한 '창조적 환경' 속에서 자라게 되면, '창조적 지능'의 발달 형성에 도움이 된다고 한다. 자연 안에서의 성장은 아이의 발달 과정에 자연스럽게 '창조성(creativity)'을 불어넣는다. 다시 말하면, 광활한 대자연과의 호흡은 인간이 만든 교육(man-made education)이 줄 수 없는 소중한 교육적 경험이 되는 것이다.

영국 옥스퍼드는 그 유명한 『반지의 제왕』 시리즈부터 『나니아 연대기』와 『이상한 나라의 앨리스』까지 정말 많은 판타지 소설들과 동화들이 탄생한 지역이다. 옥스퍼드에 살아 보니 '상상 같은 이야기가 만들어질 수밖에 없는 환경이구나!'라는 생각이 들었다. 바로 아이들은 물론 어른들까지도 감상에 젖게 만드는 자연 그대로의 습지며 목초지며 숲이 온 동네를 둘러싸고 있기 때문이다. 이런 자연이라는 무한한 영감을 주는 환경에서 아이들은 자연스럽게 상상의 나래를 펼치고 그 과정에서 창조적 지능이 발달하게 된다. 나뭇가지로 자기만의 성을 쌓고, 들판에서 노니는

---

11   레프 비고츠키, 『어린이의 상상과 창조』(2014), 살림터.

말과 소, 그리고 양들 사이로 다니며 친구가 되고, 마음껏 소리도 지르고 재잘재잘 떠들어 대며 자신만의 이야기를 만들어 가는 것이다.

이런 의미에서 우리의 아이들이 어린 시절 감성과 상상력을 자극하는 이런 자연 환경에 많이 노출되었으면 하는 바람이다. 최근에 우리나라에서도 숲 유치원이나 숲 체험과 같은 거창하게 이름을 붙인 활동 위주의 자연 학습 체험이 다양하게 이루어지고 있다. 이렇게 인위적으로 만들어진 기관이나 시설들도 없는 것보다는 낫지만, 나는 있는 그대로의 자연에서 아이들이 마음껏 뛰놀았으면 좋겠다.

아이들에게 무언가 대단한 것을 만들어 줄 필요는 없다. 자연은 우리가 아이들에게 줄 수 있는 것보다 더 크고 놀라운 창조성이라는 선물을 할 것이고, 따뜻함과 포근함으로 아이들을 감성으로 채워 줄 것이다. 자연 속에서 아이들은 나뭇잎과 솔방울로 상상하는 그대로 창조하면서 자신의 작품을 친구에게 그리고 부모에게 이야기해 줄 것이다!

충청북도 영동
봉현리

　포도로 유명한 충북 영동 봉현리는 우리 엄마의 고향이자, 쌍둥이 오빠와 나의 어린 시절 기억이 오롯이 담겨 있는 곳이기도 하다. 초등학교 때까지는 여름방학마다 외할머니 외할아버지를 찾아뵈러 갔고, 가끔은 주말에도 잠시 시간을 내서 방문했다.

　시골에는 늘 즐길 만한 모험거리가 많았다. 엄마와 나이 터울이 많았던 막둥이 막내 삼촌이 골목대장이 되어 우리는 산으로 들로 많이 놀러 다녔다. 그중에서도 가장 기억에 남는 것은 토끼와 꿩 사냥이었다. 토끼는 산 위로 껑충껑충 잘 올라갈 수는 있지만 비탈길을 내려오는 것은 잘 못한다. 이 사실을 이용하여 우리는 토끼를 발견했다 싶으면 구석으로 몰아서 비탈길을 내려오게 하여 뒷다리가 상대적으로 긴 토끼를 생포할 수 있었다. 물론 놓칠 때도 많았다. 이렇게 잡은 토끼는 삼촌이 정성스럽게(!) 손질을 해서 모닥불에 구워 먹기도 했다.

　꿩을 잡을 때는 우리는 새총을 이용했다. Y자 모양을 한 새총은 그 크기가 팔 한 뼘은 족히 넘길 정도로 컸는데, 막내 삼촌은 그 새총을 기막히게 잘 사용했다. 옆에서 흥분해서 소리를 지르는 우리를 조용히 시키면서 삼촌은 뒷산에 나타나는 꿩을 새총으로 돌을 날려 명중시켰다. 축 늘어진 꿩을 자랑스럽게 들고 와서 외할머니께 드리던 삼촌의 모습이 아직도 눈에 생생하다. 삼촌을 졸라서 새총 사용법을 배워 몇 번 꿩잡이에 동원되긴 했지만 삼촌의 숙련된 기술을 이기기는 어려웠다. 꿩은 늘 나의 과녁에서 빗나갔다.

나는 고기를 그렇게 좋아하지 않아서 모닥불에 구운 꿩이나 토끼 요리를 즐기지는 않았지만, 모닥불 피우는 것은 좋아했다. 고기 대신에 고구마랑 감자 그리고 옥수수를 호일에 쌓아서 구워 먹는 즐거움을 맛보기도 했다. 특별히 모닥불 냄새가 참 좋았다. 그래서인지 요즘에도 시골을 지나가다가 볏단이나 짚을 태우는 냄새가 나면 어릴 때 기억이 떠올라 기분이 좋아진다.

여름에는 조그마한 계곡이 있었던 도랑에 나가 열심히 수영을 하기도 했다. 무엇보다 신났던 건 절벽에 올라 다이빙을 하는 것이었다. 지금 보면 고작 성인키 정도 높이인데 뭐가 그렇게 무서웠을까 싶지만 어린 시절 그 절벽에서 뛰어내릴 때면 심장이 벌렁벌렁했다. 물론 그 스릴 때문에 계속 뛰어내리곤 했지만 말이다.

여름에 수영을 했던 그 도랑은 겨울이면 우리에게 또 다른 놀거리를 선물해 주었다. 12월 초만 해도 도랑이 꽁꽁 얼어 얼음 위를 썰매를 타고 엄청 달렸다. 요즘 아이들은 플라스틱으로 만든 썰매를 타지만 우리는 새총을 만들만큼 손재주가 좋았던 막내 삼촌이 직접 만들어 준 썰매를 탔다. 삼촌은 나무판자를 얹고 스케이트 날을 달아 주었다. 그리고 짤막한 나무토막을 긴 막대기로 쳐서 날아간 거리를 재어 승부하는 전통놀이인 자치기를 할 수 있는 송곳이 달린 막대기도 만들어 주었다. 설날 같은 명절이 되면 우리는 받은 세뱃돈을 걸고 썰매 경주를 하기도 했다. 승부욕이 강했던 나는 오빠의 세뱃돈을 이런 식으로 강탈했다.

아쉽게도 이렇게 신나게 놀았던 추억이 가득한 그 도랑은 이제 더 이상 존재하지 않는다. 동네가 개발되면서 시멘트로 덮여 버렸지만, 나의 추억의 장소는 나의 상상 속에서 언제나 함께하고 있다.

할머니와 할아버지가 모두 돌아가신 지금은 예전만큼 충북 영동을 방문할 기회가 많지는 않다. 그래도 어렸을 때 신나고 재미있었던 추억의 대부분이 충북 영동의 자연을 벗 삼아 이루어졌기 때문인지는 몰라도 아직도 그 지역에 가는 것을 즐기고 기회가 있을 때마다 방문하려고 한다.

방학이면 외갓집에 가서 산으로 들로 뛰어다니며 놀던 내가 어느새 한 아이의 엄마가 되었고, 이제 우리 아이는 자연을 벗 삼아

〈아이는 시골 외갓집에서 어떤 추억을 만들까?〉

외갓집에서 신나는 추억을 만들어 가고 있다. 남편과 내가 학교 일로 바빠져서 6개월여 동안 우리 아이를 강원도 횡성에 있는 부모님 댁에 맡겨야 했을 때, 가슴이 아팠던 나의 기억과는 달리 아이는 지금도 횡성에 가자고 조를 정도로 할머니 할아버지와 횡성에서 살았던 시절을 그리워하기도 한다.

여름에는 마당의 꽃에 물을 주다가 옷이 흠뻑 젖어버린 일과 겨울에는 비탈길에서 눈썰매를 탔던 일, 할아버지의 농사용 손수레를 타고 온 마당을 헤집고 다닌 일, 마을 초입에 들어설 때마다 만났던 황소 농장의 소들과 인사하며 지나갔던 추억들은 여전히 즐거운 이야깃거리이자 소중한 삶의 기억들이다. 그리고 할머니 몰래 잡아먹었던 조그맣고 빨갛고 맛있게 생긴 무당벌레와 밤마다 들렸던 뒷산의 멧돼지 울음소리, 비가 많이 오던 밤에 번개 때문에 놀라서 아빠에게 달려와서 안겼던 기억들은 아직도 빛나는 기억으로 남아 있어 아이가 가끔 조잘조잘 이야기하곤 한다. 그런 기억들에 대한 이야기들은 언제나 나를 미소 짓게 한다.

어린 시절부터 서울에서만 자란 차도남(차가운 도시 남자)인 남편과는 달리 우리 아들은 따시남(따뜻한 시골 남자)로 자랐났으면 하는 것이 엄마이자 교육학자인 나의 바람이다. 그래서 피곤하지만 오늘도 우리 가족은 시골로 내려간다. 부모님 집에 가서 아이는 아빠랑 남편에게 맡기고 좀 쉬고 싶은 마음 때문인 것은 첫 비밀이다.

민사고의
별밤지기

　민족사관고등학교가 위치한 강원도 횡성은 시골 중에서도 말 그대로 정말 깡촌이었다. 지금이야 평창 동계 올림픽 덕에 광주-원주 고속도로도 뚫리고 KTX까지 개통이 되었지만 내가 학교를 다니던 당시에는 학교까지 가려면 주말마다 많이 막히는 영동 고속도로나 꾸불꾸불 산길을 둘러서 가는 국도를 통해서만 갈 수 있었다. 교통도 불편하고 편의 시설도 없는 곳이었지만 감수성이 예민한 사춘기 소녀에게 자연이 살아 숨 쉬는 시골에서의 생활은 그 어느 교육과정보다 성격이나 인생관 등을 형성하는 데 많은 영향을 주었다.

　우리 학교는 10월부터 4월까지 눈이 내리는 산 중턱에 위치해 있었다. 여자 기숙사는 수업을 하는 본관에서 10분 정도 더 산으로 올라가야 하는 곳이라 눈이 와서 어는 날이면 여느 때보다 긴장을 해야 했다. 오르막길은 두꺼운 부츠를 신고 조심조심 올라가면 되지만 내리막길은 아무리 조심해도 속수무책이었고, 엉덩

방아를 찧기 일쑤였다. 그때마다 푸짐한 급식 때문에 살이 쪄서 엉덩이가 폭신한 것이 다행이라고 농담 반 진담 반으로 우스갯소리를 하며 한바탕 웃음을 터뜨리기도 했다. 혹시 모를 사고에 대한 두려움을 풀기 위한 일종의 우리만의 소통 방식이었다.

6개월 동안 하얀 눈에 둘러싸인 산속 마을에 살다 보니 나름 자연과 소통하는 방법을 터득했다. 고등학교 시절 "오겡끼 데스까 (お元気ですか, 잘 지내시나요)?"라는 대사로 유명한 일본 영화 「러브 레터」가 인기가 많았는데 나도 나만의 인사를 외칠 수 있는 공간을 학교에 만들었다. 여자 기숙사에서 골프 연습장까지 가는 길은 으슥하고 밤에는 희미한 전등만이 비추는 길이었다. 나는 학업으로 혹은 교우 관계로 스트레스를 받을 때면 이 길을 걸으면서 나뭇가지 위에 소복이 쌓인 눈을 바라보기도 하고 여름에는 초목으로 우거진 산을 바라보면서 자연에게 속에 있는 이야기를 털어 내곤 했다.

학교를 졸업한 지 20여 년이 지나서도 학교를 방문하게 되면 항상 이 길을 걸으면서 옛날 생각에 잠기곤 한다. 그래서 나는 이곳을 '임금님 귀는 당나귀 귀'를 외치면서 '왕의 말할 수 없는 비밀'을 쏟아 놓았던 신하의 마음을 생각하며 '임금님 귀는 당나귀 길'이라는 별명을 붙였다.

뒤돌아보건대 전국의 수재들이 모인 학교의 경쟁적인 분위기

그리고 한국 대학 입시뿐만 아니라 해외 대학 입시를 준비하면서 느낀 중압감을 견딜 수 있었던 이유는 바로 무조건 내 이야기를 받아 주었던 자연이 있었기 때문이라는 생각이 든다. 오솔길과 나무들은 나의 고민을 들어 주는 좋은 친구였다.

무엇보다도 내가 자연의 매력을 알게 된 것은 한밤의 하늘에서 발견할 수 있는 수많은 별자리 덕분이었다. 가로등이 모두 꺼지는 새벽이면 학교는 정말 깜깜했다. 덕분에 나는 하늘을 향해 눈을 돌려 도시에서는 발견할 수 없었던 수많은 별자리들을 보았고, 그에 얽힌 이야기들에 빠져들었다. 학교에는 성능이 좋은 천체 망원경도 구비되어 있어서 맨눈으로 볼 수 없는 별들을 보며 시간을 보내기도 했다. 지구과학을 담당하던 선생님과 함께 별똥별이 쏟아지는 날 친구들과 함께 나와서 그 광경을 같이 보면서 환호성을 질렀던 기억은 여전히 소중한 추억으로 남아 있다.

밤 12시에 자습이 끝난 후 '혼전신성'이라 부르는 사감 선생님의 감독 시간을 잠깐 갖고 잠자리에 들었다 다음 날 6시 30분에 일어나야 하는 빡빡한 일정이라 잠잘 시간이 늘 부족했다. 그러다 가끔 감수성이 폭발하는 날이면 가장 친한 친구랑 몰래 기숙사를 빠져 나와 운동장에 들어가 별을 보면서 요새 고민거리에 대해 무한 수다를 떨었다. 쉴 새 없이 재잘거리는 우리를 말없이 바라봐 주는 하늘의 무수한 별들을 보면서 우리는 형용할 수 없는 따뜻한 위로를 받았다. 그럴 때면 마치 별님이 우리를 보면서 엄마 웃음을 지어 주는 느낌을 받기도 했다(어쩌면 부모님이 너무 그리워서 그런 느낌을 받았는지도 모르겠다).

초등학교 시절 유학의 꿈을 키울 때 영국과 미국의 좋은 사립 고등학교는 대부분 시골에 위치하고 있다는 이야기를 들었다. 학원도 많고 교육적 기회도 풍부한 대도시에 학교가 위치해야 정보를 더 빠르게 많이 얻기에 유리할 거 같은데 어째서 반대일까 잘 이해가 되질 않았다. 하지만 민족사관고등학교에 다니면서 그 비밀을 알았다. 이미 너무 많은 정보와 학습으로 정신적 과로의 위험에 처한 학생들에게 위안과 휴식을 줄 수 있는 환경이 꼭 필요했고, 자연이야 말로 학생들을 위한 최고의 안식처이자 카운슬러 (Counselor)였던 것이다.

고등학교에서의 경험을 통해 소통을 위해 반드시 언어가 필요하다는 생각을 버리게 되었다. 오히려 내가 숨 가쁘게 토해 내는 고민과 스트레스를 말없이 받아 주었던 오솔길의 소나무, 친구와 내가 재잘재잘 터뜨리는 불평불만을 인자하게 바라봐 주던 까만 하늘 위의 별들이야 말로 최고의 커뮤니케이터(Communicator)였다. 자연은 그렇게 우리의 말을 잘 들어줌(listening)을 통해 경쟁과 학업에 찌든 우리의 영혼에게 힘을 불어 넣어 주었다.

철학자의
길

옥스퍼드에서 내가 가장 사랑한 공간은 옥스퍼드 시내 중심가에 위치한 유니버시티 파크(University Park)였다. 옥스퍼드 대학은 옥스퍼드라는 도시 안에 여러 건물을 가지고 있고, 옥스퍼드는 학생들뿐만 아니라 이 도시에 터전을 잡은 다양한 사람들이 살고 있었다. 그래서 도시 중앙에 위치한 유니버시티 파크에 가면 학생들뿐만 아니라 주민들도 와서 휴식을 취하고 휴일에는 가족 단위로 삼삼오오 모여 자연을 누리고 간다.

유니버시티 파크는 영국 정원 특유의 풍경을 즐기기에 안성맞춤이라고 할 수 있다. 영국 정원은 프랑스 정원과는 달리 인위적인 느낌을 최대한으로 배제하고 자연 그대로의 모습을 살려 소박하고 아름다운 느낌을 극대화한다. 프랑스 정원의 모습은 베르사유 궁전에 있는 정원처럼 가지런히 수목을 깎아서 정교한 모양으로 화려함을 강조한 모습이라면, 영국의 정원은 정원사의 손길이 느껴지지 않도록 형태와 모양을 변형시키지 않는다.

〈옥스퍼드의 유니버시티 파크 전경〉

비가 갠 뒤 내리쬐는 햇빛에 반짝거리는 유니버시티 파크의 잔
디를 보고 있자면 자연 그대로 자기의 모습을 가감 없이 드러내
는 아름다운 모습에 천국이 따로 없구나 하는 생각을 한 적도 있
다. 학부 1학년 때 기숙사에서 논리학 세미나가 열리는 학과 건
물까지 가려면 유니버시티 파크를 항상 지나쳐야 했다. 세미나가
오전 9시 반에 있었던 터라 나는 항상 테이크아웃한 라떼를 한 손
에 쥐고 조용한 아침에 이 공원을 거니는 호사를 누릴 수 있었다.
향긋한 커피 냄새와 자주 내리는 비를 먹고 자란 푸르디푸른 잔
디의 빛깔, 그리고 아침잠을 깨우는 지저귀는 새의 소리까지 어

제3장 • 말없는 자연 속에서 철학하기

우러진 통학길은 멋진 오케스트라의 연주를 듣는 환희만큼 풍성하고 화려했다.

무엇보다 유니버시티 파크를 사랑하게 된 것은 바로 그 안에 있는 비밀의 길(secret passage) 때문이었다. 유니버시티 파크는 조그마한 시내 하나를 걸치고 있었는데 그 시내 중간에 조그마한 다리가 하나 있고, 그 다리를 건너면 조그마한 철문이 하나 있다. 철문의 빗장을 열고 들어가면 수풀로 뒤덮인 조그마한 길이 나왔다. 이 비밀의 길은 찾기도 힘들고 길도 좁아서인지 공원과는 달리 인적이 드물어 복잡한 생각을 정리하고 혼자서 골똘히 묵상을 하기에 안성맞춤의 조건을 가지고 있었다.

나는 힘든 일이 있거나 중요한 결정을 해야 하는 일이 생길 때면 항상 이 비밀의 길을 찾곤 했다. 머리가 복잡해질 때 이곳을 찾으면 고즈넉한 분위기에 마음이 평온해짐을 느꼈고, 머리가 정돈되고 질서를 찾은 듯한 느낌을 얻곤 했다. 무엇보다 계속 걷다 보면 몸이 살짝 노곤해져서 그런지 쓸데없는 잡생각이 사라져 버렸다. 비가 부슬부슬 내리는 날도 좋았지만 햇빛이 뜬 날이면 수풀 옆 사이로 보이는 평원과 그 위에서 뛰노는 양떼들을 관찰할 수 있었던 것도 큰 기쁨이었다.

가끔은 어릴 때 읽었던 『좀머씨 이야기』가 생각나기도 했다. 내가 좀머씨처럼 괴짜는 아닌 것 같다고 스스로 위안을 삼았지

〈비밀의 길 초입〉

만, 누구에게도 말 못할 고민을 계속 걸으면서 풀었던 좀머씨의 사연을 조금은 이해할 수 있을 것 같다는 엉뚱한 생각을 하면서 말이다.

또한 이 비밀의 길은 내가 철학 공부를 하는 데 정말 많은 도움을 준 장소였다. 옥스퍼드 대학으로 공부를 하러 온 가장 큰 목적은 철학과 같은 인문학을 배우기 위해서였다. 어렸을 때부터 호기심이 많던 나는 이상하게 아인슈타인의 상대성 이론에 빠졌다. 그래서 아인슈타인이 했다는 '생각 실험(thought experiment)'을 스스로 해 보면서 상상 속에서 빛보다 빠른 속도로 달리는 열차에 타 보기도 하고, 양자역학의 입자도 아니고 그렇다고 파장도 아닌 물질은 무엇일까 그림을 그려 보기도 했다. 하지만 왕성한 탐구 끝에 나는 아인슈타인의 생각에 관심이 있던 거지 물리학 자체에 관심이 있는 것은 아니라는 결론을 내렸다.

'생각을 공부하는 학문은 뭐지? 철학 아닌가?' 그렇게 꼬리를 문 아인슈타인 사랑이 계기가 되어 철학에 대한 관심이 시작되었다. 한국에서 미국 대학, 더 구체적으로는 하버드대에 가기 위해 열심히 공부를 했는데 정신을 차려 보니 철학과 인문학 그리고 '생각하고 상상하는 사고의 힘'의 중심인 옥스퍼드 대학이란 곳에 오게 되었다.

인생은 항상 내 마음과 내 뜻과는 어긋난 방향으로 흘러가는 것 같지만 문득 정신을 차려 보면 내가 상상하지 못했던 멋진 곳에 와 있는 모순과도 같은 역설을 경험한 것도 옥스퍼드에서였다. 이곳은 정말 내가 기대한 것보다 더 심오하고 아름다운 인문학의 세계를 만날 수 있는 장이 되어 주었다.

유니버시티 파크의 비밀의 길을 걸으면서 나는 철학 세미나에서 다룬 많은 질문들과 씨름했다.

"이 세상을 창조한 신이 전지전능하며(omniscient and omnipotent) 선하다면(good), 이 세상에는 왜 악한 일들이 일어나는가?"

"아름다움(beauty)이란 무엇인가? 아름다움을 작고, 매끄러우며, 점진적으로 변화하고, 정교한(small, smooth, of gradual variation, delicate)한 모습으로 정의했던 철학자 에드먼드 버크(Edmund Burke)의 정의에 동의할 수 있는가? 아름다움을 추구하는 사람은 그 아름다움에 동화되며 변화되어 간다는 주장은 옳은가?"

"공리주의(Utilitarianism)에 의하면 더 많은 수의 행복을 추구하는 것이 옳다. 만약 20명의 사람들을 살리기 위해서 1명을 죽여야 하는 상황이 발생한다면, 공리주의의 명제처럼 그 한 사람을 죽이는 것이 정당화될 수 있는가?"

존재(being), 지식(knowledge), 아름다움(beauty), 신(God), 윤리(ethics), 논리(logic), 힘(power) 등등 나는 옥스퍼드 대학에 와서 공부하면서 그 어느 곳에서도 들어 보지 못한 아주 기본적인

(fundamental) 개념들에 대해 질문을 받고 질문을 던지게 되었다. 이성적이고 합리적인 주장과 답변을 만들어야 한다는 부담감이 무색하게 나는 비밀의 길에서 이런 큰 주제들에 대해 걸으면서 차근차근 생각해 보는 시간을 즐겼다.

토론토 대학의 심리학과 교수인 조단 피터슨(Jordan Peterson)은 대학 시절이야 말로 이러한 세상을 바꾸는 위대한 질문들(big questions)과 씨름하고 사색해야 하는 때라고 말한다. 그래서 도서관에 가서 아무도 안 읽을 것 같은 낡고 때 묻은 고전을 꺼내서 읽으라고 제언한다. 인생을 살면서 인생에 대해, 내가 살고 있는 세상에 대해 깊게 고민할 수 있는 사치를 부릴 수 있는 기회가 대학 시절이라는 것이다.

감사하게도 옥스퍼드는 나에게 이런 시간을 허락해 주었다. 그리고 비밀의 길은 돈을 벌어야 하고 가정을 꾸려야 하고 아이를 돌봐야 하는 팍팍한 현실의 일상 세계로 나가기 전에 나의 마음과 생각을 정돈시키고 돌볼 수 있는 방법을 알려 주었다. 이런 의미에서 유니버시티 파크의 비밀의 길은 나를 '일상의 철학가'로 만들어 준 소중한 장소였다.

언어의 쓸모

자전거를 타면서 배운
느린 독일인의 삶

　나는 결혼을 한 지 1년쯤 되었을 무렵 영국에서 독일로 이사를 하게 되었다. 남편이 졸업 후 박사 후 연구(post-doc research)를 위해 하이델베르크 대학으로 가게 되었기 때문이다. 신혼 시절을 보내게 된 하이델베르크는 독일에서도 문화와 역사를 자랑하는 곳으로 독일에서 가장 오래된 하이델베르크 대학이 있는 대학 도시이기도 하다.

　하이델베르크는 인문학과 사회 과학 중심의 캠퍼스가 위치해 있는 구시가지(Old City)와 공대 및 자연과학대 중심의 새로운 캠퍼스가 위치한 신시가지(New City)로 도시가 나뉘어져 있었는데, 붉은 벽돌로 웅장하게 지어진 건물이 즐비한 구시가지는 아름다운 풍경으로 인해 일 년 내내 관광객들에게 인기 있는 도시여서 언제나 붐비는 곳이었다. 제2차 세계대전 때 연합군이 독일 도시를 무차별로 폭격할 때에도 역사적인 유적과 같은 하이델베르크의 구시가지는 폭격을 하면 안 된다고 했을 정도로, 네카어 강을 따라 펼쳐지는 하이델베르크 성과 대학 캠퍼스 그리고 뒤로 보이는 푸르른 산은 정말 장관을 이루고 있다.

하이델베르크에 도착하자마자 우리가 산 제1호 물건은 바로 자전거였다. 자전거가 이런 유럽의 소도시를 돌아다니기에는 워낙 유용한 이동 수단인 것도 있지만, 자전거는 교통비를 아끼기에도 제격이었다.

남편이 근무하던 하이델베르크의 문화역사학 건물은 구시가지 바로 중심에 있었고, 그곳은 집에서 자전거로 30분 정도 걸렸다. 박사 후 연구원의 봉급이 얼마 되지 않았기 때문에 집에 들어가는 렌트 비용를 아끼기 위해 하이델베르크 도시 중심이 아닌 외곽 지역 마을에 살기로 했고, 독일인 친구의 도움을 얻어 하이델베르크 남쪽의 키르셔하임(Kircheim) 마을에 둥지를 틀었다.

집주인은 보험회사 사무실을 운영하는 마음씨 좋은 독일 할아버지였는데, 100년이 넘는 역사를 가진 3층 집을 개조하여 1층에 독립된 공간을 만들어 학생들에게 빌려 주었다. 영국에 살았을 때 독일인 친구 마크가 영국인들은 너무 집 관리가 엉망이라면서 창문도 덜컹거리고 난방도 제대로 안 되고 상하수도 시설은 너무 오래 되었다고 불평을 하던 소리에 그가 유난히 까다롭다고 생각을 했는데 막상 독일에 와서 살아 보니 그의 불평이 당연하다는 생각이 들었다.

영국에서도 100년 이상 된 집에서 살아 보았지만, 독일에 와서 살게 된 그 집은 100년이란 세월이 무색할 정도로 정말 튼튼하고 따뜻했다. 기둥을 비롯한 기초 건축 자재는 100년이 되었지만 그외의 나머지 제반 시설, 예를 들면 지붕, 창문, 상하수도 시설, 내부 인테리어는 계속 손을 보면서 집을 살기 좋게 가꾸었고, 지금도 이 수리는 진행형이다.

출퇴근 시간이 따로 정해져 있지 않은 연구직이었지만 남편은 워낙 성실한 성격이라 주중에는 매일 같은 시각 사무실로 출근을 했고, 나도 일주일에 3~4일은 도시락을 직접 만들어 남편과 함께 연구실 근처 대학 도서관으로 공부를 하러 갔다. 집까지 자전거를 타고 오는 길에는 꽃이 가득한 예쁜 주말 정원과 농장이 있고 그 지역을 빠져 나와 전차 레일이 함께 놓여 있는 도로를 건너 달리다 보면 길가를 따라 학교 건물들과 관공서들 뿐 아니라 조그마한 공원들도 많았다.

하루는 평소보다 일찍 퇴근하여 자전거를 타고 유유히 학교를 지나고 있는데, 늘 텅 비어 있던 주차장에 여러 대의 차가 주차되어 있었다. 차 안에 부모로 보이는 독일인들이 기다리고 있는 것이 눈에 들어왔다. 그 모습을 보면서 한국에서의 풍경을 떠올렸다. 한국에서 학원 수업이 끝날 무렵이면 학원 밖 도로에는 아이들을 다른 학원으로 데려가거나 집으로 데려가기 위해 기다리는 엄마들의 차로 인산인해를 이루었다. 그래서 나도 모르게 옆에서 같이 자전거를 타고 달리던 남편에게 말했다.

"독일 부모들도 한국 부모랑 다를 바 없구나…. 학원 픽업하려고 기다리고 있나 봐."

그런데 이게 무슨 일인가? 그 말이 끝나기 무섭게 아이들이 우르르 나왔는데, 차로 들어가는 아이들 대부분이 책가방이 아닌 운동기구가 잔뜩 든 커다란 가방을 들고 가는 것이었다. 나중에 독일 친구들에게 물어보니 독일은 부모가 학교까지 아이들을 데리러 오는 일이 거의 없다고 한다. 다만 내가 본 그날처럼 방과후에 운동경기나 활동을 하러 가서 부모들이 무거운 스포츠 짐을 옮겨 주는 날만 예외라고 한다.

한국에서 독일로 유학을 간 학생이 한국 사회는 학생들에게 너무 많은 것을 하도록 강요하는 것 같다고 한숨을 짓던 모습이 생각난다.

"독일 초등학교는 12시면 끝나요. 학교가 끝나면 대부분 집으로 와서 숙제 일찍 끝내고 놀았어요. 독일에서의 어린 시절은 자유로움 그 자체였어요. 친구들이랑 자전거 타고 돌아다니거나 축구하고, 게임하고. 독일은 자연이 많으니깐 같이 숲속에서 뛰어논 적도 많아요. 주변에 학교 끝나고 학원 가는 애들은 한국 학생들밖에 없어요. 뭐, 학원 자체가 독일에선 한국인들이 운영하는 거밖에 없지만요."

그 학생의 말처럼 자전거를 타면서 발견한 독일 시내 곳곳은 오후만 되면 아이들로 넘쳐 났다. 실제로 독일 아이들은 유아 시절부터 자연과 호흡하면서 상호작용하는 것에 익숙했다. 독일 마을 주변부에는 예쁘게 다듬은 정원의 분위기와는 상당히 다른 수풀과 덤불이 가득한 공터가 많다. 마을 산책을 할 때면 동네 아이들이 나와서 여기저기 공터에서 놀고 있었다. 스케이트보드를 타면서 무심하게 돌아다니는 아이들, 친구들과 함께 자전거를 타면서 돌아다니는 아이들, 타이어 같은 것을 들고 와서 그 주변에서 깔깔거리며 무언가를 하는 아이들. 놀이터가 있음에도 불구하고 이곳 아이들은 이런 수풀과 나무가 가득한 공터에서 노는 것이 더 즐거운 듯 보였다. 나는 자유분방한 독일 아이들을 보면서 학원에 다니느라 아파트 놀이터에 애들이 없어서 친구를 사귀기 위해서라도 아이를 학원에 보내야 된다는 친구의 하소연이 생각났다.

독일의 교육 철학은 '빌둥(bildung)'이란 말로 표현되는데, '되어 가는 과정'에 초점을 맞춘 교육을 의미한다. 이는 인위적으로 혹은 의도적으로 결과를 만들어 내려는 경향을 배제하고 개인이 사회에서 자기가 할 수 있는 일을 찾아가도록 하는 것이다. 독일 교육 철학에는 스스로 발견할 때까지 기다려 주는 '과정'에 대한 사회적 관심이 뿌리내려 있다. 모로 가든 서울로만 가면 된다는, 과정은 아랑곳하지 않고 결과에 집중하는 것이 아닌 과정을 중요시하는 교육이 빚어낸 학생들의 모습이야 말로 자연스러울 수밖에 없다. 그 나이에 해야 할 경험을 충분히 하고 사회의 일원으로서 고민해야 할 질문들을 하면서 '나'라는 자아를 사회와 이웃들과 관계 속에서 찾아간다. 그래서 건강한 자아를 가진 개개인들이 타인과 건강한 관계를 맺는 모습을 독일 사회 곳곳에서 발견할 수 있었다.

독일인들은 자연에서 보내는 시간이 어린아이들뿐 아니라 성인이 되어서도 하나의 삶의 방식, 곧 시쳇말로 라이프 스타일로 굳어진 듯하다. 독일에서 만난 사람들과 했던 주된 활동은 주변 동산이나 강을 따라 하이킹을 하거나 산책을 하는 것이었다. 우리는 특히 칸트가 위대한 철학적 구상을 했다는 '철학자의 길(Philosophers' Walk)'이라는 구시가지의 산책로를 거쳐 고즈넉하게 흐르는 네카어 강을 따라 하이킹하는 것을 즐겼다.

가장 기억에 남는 건 교회 모임에서 만난 독일 대학원생들과 함께 하이델베르크 구도심 뒤에 있는 산으로 떠난 하이킹이었다. 산 입구에 있는 베이커리에서 버터가 들어간 독일식 딱딱한 빵 하나와 샌드위치 그리고 물을 사서 학생들과 같이 하이킹을 시작했다. 40여 분 정도 걸어가면서 만난 500년은 족히 되어 보이는 듯한 거대한 고목을 만났다. 우리는 문화도 인종도 국적도 다르

〈독일 학생들과 함께한 하이킹〉

지만, 마치 한마음이 된 것처럼 누가 먼저랄 것도 없이 손을 잡고
나무 둘레를 등지며 나무 주위를 에워쌌다. 그리고 누군가 노래
를 시작하자 모두 손을 흔들면서 노래를 불렀다. 처음 듣는 독일
어 노래였지만, 그 안에 녹아 있는 의미를 알 수 있을 것 같았다.
그날의 강렬한 기억과 기쁨은 생각보다 오랜 여운을 남겼다.

　독일 생활 내내 한국에서와 다를 바 없이 소박하고 단출했지만
우리는 1년 남짓의 짧은 독일 생활을 그리워하곤 한다. 그리움의

원천은 매일 연구소와 집을 오다가다 하면서 만나는 숲길과 주말 농장의 향연, 그 안에서 봤던 독일 아이들과 넉넉한 이웃들의 모습들, 그리고 느리지만 함께 걷는 라이프 스타일에 잠시나마 익숙해 진 탓일 것이다. 그리고 그 안에서 우리는 자연과 어우러진 일상이 가정에게 주는 소박한 기쁨과 행복을 발견하기도 했다.

* 이 섹션은 저자의 저서『교육의 차이』독일편을 발췌 편집했습니다.

제4장

세계가
확장되는 지점

띠동갑 친구
마크

영국, 미국, 독일 등 서구권 국가에서 살면서 가장 좋았던 점은 누구든지 '친구'가 될 수 있다는 것이다. 물론 영어와 독일어에 존댓말이 없었던 것도 한몫했던 것 같다. 언어가 문화를 반영하듯 서구권 문화에선 존경에 대한 표현은 많지만 나이에 따라 차등적으로 말하는 문법이 없기 때문에 나이를 모르고 관계를 시작하고 유지하는 경우가 많다.

이러한 문화는 한국에서 나고 자란 나에게 큰 충격으로 다가오기도 했다. 우리나라에서는 처음 만나면 제일 먼저 물어보는 것이 이름이고 그 다음이 나이일 정도로 나이에 따른 서열 관계에 민감하지 않은가. 그런데 영국이나 미국에서는 초면에 나이를 물어보는 게 실례다. 관심사가 서로 통한다면 다양한 관점을 나누는 것을 선호하기 때문에 오히려 나이 차이가 나는 것이 장점이 되기도 한다.

내가 영국 옥스퍼드에서 친해진 친구 마크(Marc)를 대학원에 다시 들어와 참석한 칼리지 오리엔테이션에서 만났다. 마크는 자신감 넘치는 태도가 매력적인 사람이었다.

마크는 옥스퍼드에 경영학 박사를 하러 왔는데, 옥스퍼드로 오기 전에는 하버드에서 동아시아학 석사과정을 할 정도로 학구적인 사람이었다. 한일 관계를 전공한 동아시아학 학자인 남편과 마크는 항상 만나면 한국, 중국, 일본에 대한 이야기로 시간 가는 줄 모르고 대화를 나누었다. 옥스퍼드에서 제일 많이 만나고 밥을 먹은 사람이 마크였다.

한국 핏줄을 가진 것을 자랑스럽게 생각하고, 자신이 사는 나라는 물론 태어난 나라에 대해 끊임없이 배우려 하는 마크. 나는 그와 독일, 미국, 영국, 한국, 중국 사회에 대해 이야기를 나누며 진정한 코스모폴리탄(Cosmopolitan)의 면모를 볼 수 있었다.

나중에 마크가 미국에서 학부를 졸업한 후 독일 항공사인 루프트한자에 입사하여 30대 중반에 부사장(Vice President)까지 오른 입지전적인 인물이라는 것을 알았다. 기업에서 뛰어난 실적을 세우고 중국 항공 산업에 대한 박사 논문을 쓴 마크는 박사과정을 마치자마자 옥스퍼드 경영학 대학원에 스카우트되어 교수 생활을 시작했다. 그리고 알게 된 사실은 마크와 내가 띠 동갑이었다는 것이다! 하지만 그 사실을 알게 된 후에도 그 전과 다를 바 없이 우리는 친구로 지낸다.

이러한 동등한 관계는 학생과 교수 관계에서도 어김없이 적용된다. 일단 지도 교수는 나를 'Colleague'라고 부른다. Colleague의 의미는 '동료'라는 뜻으로 일단 박사과정에 입학한 이상 학생인 나를 같이 연구를 하는 동료로 간주한다는 것이다. 한번은 지도 교수가 다음과 같은 말을 나에게 해 주신 적이 있다.

"선아, 네가 공부하는 분야는 교육학만 한정에서 보더라도 아주 작고 미세한 부분이라 볼 수 있어. 수많은 학자들이 지금까지 연구한 것에 비하면 정말 바닷가 해변의 모래 한 톨 같아. 하지만 중요한 것은 네가 그 모래 한 톨 같이 미세한 분야에서는 세계 최고의 전문가가 되어야 한다는 것이야. 다른 말로 하면 박사과정이 끝날 때쯤이면 나도 너에게 그 분야에 대해서 배워야 할 정도로 네가 성장해야 한다는 뜻이기도 하지."

그래서인지 항상 교수님은 나의 코멘트를 진심으로 경청해 주셨다. 말뿐이 아니라 옥스퍼드에서 박사과정을 하면서 지도 교수가 선생님이 아니라 같이 탐구하고 공부하는 동료 연구자처럼 느꼈다.

세계 최대의 헤지펀드 브리지워터 어소시에이츠의 창립자이자 CEO이며 '투자계의 스티브 잡스'라고 불리는 레이 달리오(Ray Dalio) 회장은 자신의 회사가 그만큼 성장할 수 있던 핵심 동력으로 'Radical Truthfulness, Radical Transparency' 원칙을 든다. 한국말로 번역하자면 '급진적인 정직함, 급진적인 투명함' 정도 되겠다.

그의 회사에서는 갓 대학을 졸업한 신입 사원이 회장을 회의에서 비판할 수 있을 뿐만 아니라 회의에 참여한 직원은 직급이나 나이에 상관없이 누구라도 발언하고 상대방의 의견을 평가할 수 있는 권리를 갖는다. 그리고 이러한 문화를 지속시키기 위해서 회의를 모두 녹음, 녹화하여 연공서열에 상관없이 모니터할 수 있게 한다. 이러한 급진적인 열린 문화 때문에 직원들을 독립적인 사고(independent thinking)를 할 수 있고 회사의 방침이나 정책, 방향에 주인 의식을 갖게 된다. 나이가 많거나 직급이 높은 사람들이 일방적으로 만들고 시켜서 한 것이 아니라 내가 비판하고 평가하고 수많은 논의 끝에 나온 합작품이라 생각하기 때문이다.

영국과 미국의 이런 열린 문화와 자세는 어렸을 때부터 이들이 받아 온 교육과 문화적 토양 때문일 것이다. 그리고 이런 교육적 문화적 소양 위에 쌓아 올린 열린 소통(open communication)이야 말로 세계 최고의 연구 집단이자 회사 조직을 만들어 낸 기반이라는 생각이 든다.

옥스퍼드의
식탁 문화

수학의 노벨상이라고 불리는 필즈상을 아시아인 중에서 두 번째로 수상한 히로나카 헤이스케 교수는 저서 『학문의 즐거움』에서 하버드 대학에서의 박사 생활을 회고하면서 '이학(耳學)'이라는 표현을 썼다. 귀 이 자와 학문의 학 자가 결합된 이 말은 청각적 학습(Auditory Learning)의 동양식 표현이라고 할 수 있다.

헤이스케 교수는 하버드나 옥스퍼드와 같은 명문 대학일수록 학생과 교수, 교수와 교수, 그리고 학생과 학생 간의 토론과 대화가 활발하고 이것이 바로 학문 진보의 원동력이라고 했다. 나도 이 말에 동의한다. 나 역시 옥스퍼드 대학에서 배운 대부분의 것들을 이런 대화에서 얻었기 때문이다.

내가 영국 문화의 진수를 맛보게 된 것은 바로 학교 식당에서의 대화였다. 옥스퍼드는 일부 대학원을 포함해 한 100여 년밖에 되지 않은 상대적으로 짧은 역사를 가진 '근대적' 칼리지를 제외한 전통적 칼리지 식당은 학생들과 교수들이 앉는 자리를 분리한

〈친구들과 시험 후 포멀 홀에 참석하기에 앞서〉

형태로 되어 있다. 긴 테이블과 의자가 두 줄에서 세 줄 세로로 놓여 있는 곳은 학생들이 식사를 하는 공간이고, 바닥이 조금 높게 올라간 식당 위쪽은 가로로 식탁과 의자가 놓여 있는 곳은 하이 테이블(high table)이라고 하여 교수들을 위한 장소로 나뉘어져 있다.

영화「해리 포터」에 학생들이 멋진 촛불이 켜져 있는 원목으로 만들어진 중후한 긴 테이블에 앉아서 식사를 하는 장면이 나온다. 이것은 옥스퍼드 크라이스트 처치 칼리지 홀에서 촬영한 것이다. 이곳에서는 포멀 홀(formal hall)이는 정식 코스가 나오는 근사한 식사 시간이 일주일에 한 번 있다. 이때는 모두가 근사한 드레스와 양복에 가운을 입고 참석한다. 옥스퍼드 전통에 따라 칼리지 교장이 그레이스(grace)라 일컬어지는 라틴 구절을 읊으면서 식사 시간이 시작된다.

보통 포멀 홀은 가까운 친구를 초대하거나 지도 교수님을 초청할 때 가는 것이 일반적이다. 가격도 비쌀 뿐더러 혼자 가면 정말 어색하기 때문이리라! 나도 다른 칼리지에 다니는 친구들이 초대해 주어서 여러 칼리지의 포멀 홀에 가 본 적이 있다. 식사가 제일 맛있던 칼리지는 옥스퍼드의 유명 칼리지 중에 하나였던 머튼 칼리지였는데, 이곳은 식사의 값도 상당히 저렴한 편이었고(코스 요리를 5파운드, 원화로 10000원 정도로 기억된다), 본식으로 나온 스테이크와 디저트로 나온 케이크 등 음식도 좋았다. 그뿐만 아니라 이들 칼리지에서는 직접 양조한 와인을 칼리지 지하에 와인 셀러(지하 저장고)에 저장해 놓았다가 포멀 홀에서 식사하면 아낌없이 내어주기 때문에 분위기를 내기에 최적의 기회라고 할 수 있다.

학생들은 파티가 있는 날이면 포멀 홀에서 저녁 식사를 하고 파티를 위해 준비된 방으로 가서 멋진 음악과 함께 음료나 와인을 마시면서 이야기를 한다. 처음 옥스퍼드에 입학했을 때 이런 문화가 상당히 이질적이었다. 비단 한국에서 갓 건너온 나뿐만 아니라 사립학교를 다니지 않았던 학생들도 이런 귀족 문화를 낯설게 느꼈다. 게다가 검정색 가운이라니! 하지만 몇 달이 지나면

〈식당에서도 이어지는 대화〉

서 모든 게 그렇듯 나도 옥스포드의 문화에 익숙해졌다.

무엇보다 옥스포드에서 저녁을 먹으면서 이루어지는 긴 대화가 참 좋았다. 식탁에서 이루어지는 대화는 신변잡기적인 것부터 정치, 신학 등 분야를 막론하고 이루어졌다. 특별히 포멀 홀에서는 깊은 토론이 이루어지는데 자기 학과뿐 아니라 여러 학과의 다양한 학생 및 교수와 함께 진지한 대화를 나눌 수 있는 기회였다.

옥스퍼드에서는 이런 대화 문화가 상당히 발달된 편이다. 옥스퍼드에서 가장 유명한 학생 동아리 역시 '옥스퍼드 소사이어티'라고 부르는 토론 동아리이다. 한국의 강남스타일이 유명세를 탈 무렵 가수 '싸이'가 연설을 한 곳으로 알려진 이 동아리는 일주일에 한 번씩 교수와 학생들이 모여 토론하고, 경제, 사회, 문화를 망라하여 세계에서 영향을 끼치고 있는 저명한 연사를 초청하여 특강을 듣기도 한다. 토론의 주제는 "미국의 9.11 이후 외교 정책이 미국을 고립시키고 있는가?" 혹은 "다른 사람을 개종시키려는 전도 노력은 정당화 될 수 있는가?" 등 사회, 문화, 정치, 종교 등 다양한 주제로 구성되어 있다.

이곳에서는 다른 사람의 주장을 비판하고 응수하는 것이 당연한 것으로(물론 격식과 예의를 차려서 해야 한다) 여겨진다. 한국 사람인 내가 보기에 싸울 것 같은 상황인데도 자신이 생각하고 주장하는 것을 효과적으로 증명, 설득시키기 위해 애쓰는 모습을 볼 수 있다.

한국에 있었을 때는 친구들 눈치 보랴 선배 혹은 나이 많은 어른들 눈치 보랴 자유롭게 내 생각을 말할 수가 없었는데 옥스퍼드의 이런 문화는 나에게는 물 만난 고기처럼 자유롭게 느껴졌다. 토론을 할 때마다 생각지 못한 멋진 의견들이 쏟아져 나오는 것을 보면서, 자유로운 토론의 가치를 톡톡히 배울 수 있었다. 서양 민주주의의 근간이 되는 대화와 소통이라고 하는 소위 레토릭(rhetoric: 수사법)은 이러한 문화 속에서 꽃피었으리라.

이러한 옥스퍼드에서의 경험 때문인지 나는 새로운 사람들 특히 외국인들과 이야기하는 것을 즐긴다. 나와 다른 문화를 가진 사람들과 대화를 할 때면 항상 새로운 것을 배울 수 있을 뿐 아니라 나의 배경에서 생각하지도 못했던 새로운 관점으로 생각할 수 있는 기회가 주어진다. 많은 사람들이 낯선 사람들과 이야기할 때 두려움을 느끼는데, 어느 순간 나에게는 두려움이 희열과 기대로 변해 있었다.

문화적으로 다를지라도 마음을 열고 대화를 하면 공통된 관심사가 한두 개 정도는 생기기 마련이다. 이 공유되는 부분을 붙잡고 대화를 이어 가다 보면 마음이 통하면서 예상치 못한 부분에 대해서 이야기할 수 있는 기회가 생긴다. 이 포인트가 바로 나의 세계가 확장되는 지점이 된다.

영국에서는 처음 만난 사람과 가볍게 이야기를 주고받는 것을 '스몰 토크(small talk: 가벼운 대화)'라고 부른다. 한국에 와서도 이 스몰 토크를 지속적으로 할 수 있는 사람이 되는 것이 나의 목표이다. 이 스몰 토크야 말로 상대방을 이해하고 알아가는 데 가장 기본적인 기술이기 때문이다. 외국인이 아니더라도 가장 가까운 가족, 친구들, 직장 동료 등과 대화할 때도 스몰 토크가 소통의 큰 힘을 발휘한다. 스몰 토크로 소통하는 분위기를 만들어 나가는 것, 이것이 옥스퍼드의 식탁 문화가 나에게 준 선물이다.

미국 외교 전문가들과의
인터뷰 여행

옥스퍼드 대학 학부 과정 마지막 학년에 선택과목 중 하나를 '학부 논문'으로 대체했다. 내가 지난 2년 동안 배운 국제 관계 이론, 냉전 시대 국제 관계, 정치, 철학, 윤리학 등의 내용들을 종합하여 의미 있는 논문을 쓰고 싶었기 때문이다. 어떤 주제로 논문을 쓸지 고민하다가 한국인으로서의 정체성과 관점을 가지고 논의할 수 있을 뿐만 아니라 정치학 분야에서 한국 관련된 이슈로 가장 많이 대두되는 '북핵 문제'에 관심을 가지게 되었다.

칼리지 상임 교수에게 메일을 보내서 나의 연구를 지도해 줄 논문 담당 교수를 찾아봐 달라고 정중하게 요청했다. 또 박사과정에 있는 지인에게도 메일을 보내서 알맞은 분이 생각나면 추천해 달라고 부탁했다. 그렇게 1주일 정도를 기다려 답장을 받았는데, 놀랍게도 두 사람 모두 같은 사람을 추천했다!

하버드 로스쿨을 졸업한 변호사 존 씨오씨아리(John Ciorciari)로 아시아 관련 논문을 쓰고 있었고, 국제정치로 유명한 세인트 안토니스 칼리지에 재학 중이었다. 다행히 내 논문 지도를 맡아 주셨는데, 그분은 소위 말하는 법률적 사고방식인 리걸마인드(legal mind)로 훈련이 되어서인지 복잡한 내용도 풀어서 설명하려고 애쓰셨다. 논문 지도 기간 내내 외국 학생이었던 나를 배려하여 되도록이면 이해하기 쉽도록 설명하려는 모습이 내게는 인상적이었고 감사했다.

이렇게 좋은 논문 지도 교수님과 함께 논문에 필요한 자료를 찾아 읽기 시작했다. 여러 책과 논문들을 바탕으로 논문의 틀을 구체화했고, 필요한 이론적 배경을 같이 생각해 보았다. 이런 저런 토론을 하고 있는데 갑자기 교수님이 제안을 하셨다.

"선아, 미국에 있는 전문가들과 인터뷰를 해 보는 게 어떻겠니? 너의 논문이 북한 핵 문제에 관한 미국의 외교정책이 중요하니 전문가들을 만나서 인터뷰를 하면 더 많은 것을 배울 수 있을 거 같은데."

기숙사로 돌아오는 길에 곰곰이 그 제안에 대해 생각해 보았다.

'미국 북한 전문가를 만나 이야기를 듣다니… 해 보고 싶다.'

'하지만 나 같은 학생을 만나 줄까? 아무리 옥스퍼드를 다닌다고 하지만 기껏해야 학부생인데….'

'그래도 시도는 해 볼 수 있잖아?'

'아니야. 쉽지 않을 거야.'

내 마음은 밤새 왔다 갔다 하다 한번 해 보자는 쪽으로 마음이 기울었다. 다음 날, 선생님께 메일을 보내니 선생님도 내 의견에 적극 환영을 하시며 인터뷰 요청 메일 초안을 어떻게 써야 하는지 알려 주셨다.

나는 그날부터 일주일 동안 다른 일은 제쳐 두고, 내가 그동안 읽었던 자료들의 저자들과 미국 국무부 대북 정책 담당자들의 이메일 주소를 찾고 또 찾았다. 다행히 20명 정도 되는 미국의 북한 전문가들의 이메일 주소를 알아낼 수 있었다. 그리고 이들에게 교수님이 제안한 대로 인터뷰 요청이 담긴 짧은 이메일을 보냈다. 결과는 내 예상을 뛰어넘는 대성공! 무려 12명의 전문가들에게서 답장을 받은 것이다.

일정을 종합한 결과 10명의 전문가들을 워싱턴에서 만나 볼 수 있게 되었다. 지금도 신문과 뉴스에 가끔씩 등장하는 1994년 북한 경수로 지원 사업의 미국 대표자인 로버트 갈루치(Robert L. Gallucci)를 비롯하여 최근 미국에서 북한 전문가로 손꼽히며 많은 논문을 발표하고 있는 빅터 차(Victor Cha) 교수와 당시 미국 내 북한 전문가로 유명한 셀리그 해리슨(Selig S. Harrison) 등등 뉴스에서나 만날 법한 이들과의 인터뷰는 말 그대로 흥분되는 모험 그 자체였다. 그중에 제일 기억에 남는 방문은 미국 외무부의 정책 계획과의 최고 책임자였던 미첼 리스와의 인터뷰였다.

미국 외무부 출입문에서 엄격한 검문을 통과한 뒤, 만나기로 한 사무실로 찾아 갔다. 비서에게 이야기를 하고 소파에 앉아 있는데, 옆에 키가 정말 크고 덩치가 큰 금발의 신사가 앉아 있었다. 10분쯤 기다렸을까? 갑자기 그 신사가 비서한테 짜증 난 얼굴로 이야기를 하더니 나가 버렸다. 나중에 비서와 이야기를 해 보니, 그 사람이 러시아 대사란다. 원래 한 시간 전쯤에 만났어야 하는데 회의가 길어져서 기다리다 그냥 가 버린 것이다. 10분쯤 더 기다리자 드디어 리스 씨가 나와 인사를 건넸다.

'뭐야? 그럼, 러시아 대사를 바람맞히고 나는 만나 주는 거야?'

이런 귀한 대접에 엄청나게 떨었다. 당황하기는 리스 씨도 마찬가지였다. 나를 남자로 그리고 박사 논문을 준비하는 대학원생으로 착각했던 모양이다. 그래도 외교관답게 친절하게 대답을 해 주었다. 마침 리스 씨도 옥스퍼드에서 대학원을 졸업했기 때문에 학교에 관해 이런저런 이야기도 많이 물어보았다. 그리고 내 또래의 한국 젊은이들이 미국에 대해서 어떻게 생각하는지도 자세히 물어보았다.

마침 내가 인터뷰를 위해 워싱턴에 있는 동안 (우연인지 의도된 것인지는 모르겠지만) 나의 논문 튜터도 컨퍼런스 참석차 워싱턴에 1박 2일을 머물고 있었다. 낯선 곳에서 그 분야의 전문가로 불리우는 고위 관리들과 학자들을 만나는 것이 지칠 수도 있는 상황이었지만, 감사하게도 논문 튜터를 만나서 진행 중인 인터뷰와 관련하여 상의를 하면서 내가 처한 어려움과 두려움을 넉넉히 이겨 낼 수 있었다.

"어제는 미국 외무부의 정책 계획과의 최고 책임자인 미첼 리스 씨와 인터뷰를 했었어요. 그런데 리스 씨가 좀 황당해하더라고요. 제가 보낸 이메일만 보고 저를 옥스퍼드 대학에서 박사 논문을 쓰고 있는 대학원생으로 착각했던 모양이에요."

튜터는 그럴 줄 알았다는 듯이 껄껄 웃으셨다.

"그랬구나. 내가 옥스퍼드에서 지금 북핵 관련 논문을 쓰고 있다고 하란 게 통했구나. 만약 학사 논문을 쓰고 있다고 썼으면 만나 주지 않았을지도 몰라."

"그런데 제대로 말도 못하고 어물거린 것 같아요. 지금도 제 얼굴이 화끈거려요."

"괜찮아. 네가 나중에 졸업하고 사회에 나가서 느끼게 되겠지만, 지금 네가 하는 경험은 어느 지식보다 값진 거야. 한국에서 옥스퍼드로 유학을 온 학부 여학생으로 워싱턴 D.C.까지 가서 인터뷰를 한 경험 말이야!"

튜터가 말한 것처럼 인터뷰 경험은 대학에서 배운 그 어떤 지식보다 값진 것이었다. 그 경험으로 말미암아 나는 소위 말하는 배짱이 생겼고, 나와 이질적인 사람들(문화뿐만 아니라 세대와 위치를 뛰어넘는)과 관계를 넓히고 소통하는 데서 오는 스릴과 가치를 깨달 았다. 용감 무식하게 도전했던 논문 인터뷰 여행을 통해 내가 나눴던 여러 사람과의 대화는 나를 더 많은 그리고 다양한 배경의 사람들과 소통하고 토론할 수 있게 해 준 디딤돌이 되어 주었다.

그뿐만이 아니라 인터뷰 과정은 학습에 대한 다른 관점을 제공해 주었다. 학습이란 단순히 지식을 습득하고 암기하는 데서 끝나는 것이 아니라, "의미를 추구하고, 배운 지식을 성찰해 보고, 개인적인 이해를 통해 배운 지식을 내재화"하기 위한 과정을 여러 가지 방식으로 시도해 보는 것이라는 것 또한 깨달았다.[12]

미국의 유명한 법철학자이자 교육가인 마사 누스바움(Martha Nussbaum)은 자신의 저서 『인간성 수업(Cultivating Humanity)』에서 말하지 않았던가. 교육의 핵심은 교수들과 학생들이 교류할 수 있는 충분한 기회를 주고, 학생들로 하여금 주제에 대한 많은 글쓰기를 통해 자신의 의견과 생각을 평가 받고 토론하도록 하는 교육과정이라고 말이다.[13]

---

12 Ivanitskaya, L., Clark, D., Montgomery, G. & Primeau, R. 「Interdisciplinary Learning: Process and Outcomes」(2002), Innovative Higher Education, 27(2), p. 101.

13 마사 누스바움, 정영묵 역, 『인간성 수업』(2018), 문학동네.

옥스브리지 학생들을 데리고
한국에 오다!

　"선이야, 내가 최근에 알게 된 OSEC(Oxbridge Summer English Camp)라는 단체가 있는데, 이 단체는 옥스퍼드랑 케임브리지 학생들을 뽑아서 봉사 활동으로 중국에서 학생들을 가르치는 캠프를 하고 있어. 벌써 3년째인데 베이징, 홍콩 그리고 다른 중국 지방까지 활발히 활동을 벌이고 있나 봐. 영국 출신 한 명과 중국 출신 친구 두 명이 책임을 맡고 있는데 어제 만나서 얘기를 해 보았어. 그 캠프를 한국에도 도입하면 어떨까 하는데 같이 한번 해 보지 않을래?"

　친구 혜리가 나에게 제안을 했다. 솔직히 학업과 문화에 적응하기도 힘든 대학 1학년인데 새로운 캠프까지 계획을 한다니 많이 부담되었다. 하지만 OSEC를 담당하는 학생들을 만나서 이야기를 나누면서 한국에 이 캠프를 도입하고 싶은 마음이 강해졌다. 무엇보다 나의 마음을 사로잡은 것은 대학 시절이야 말로 세계를 경험하고 자기가 진짜 원하는 것을 체험해 볼 수 있는 유일

무이한 기회라는 이들의 생각이었다.

결국 혜리와 이 캠프를 계획하기로 의기투합하게 되었고, 혜리가 회장의 책임을 맡고, 나는 부회장이 되어서 KOSEC(Korea Oxbridge Summer English Camp: 한국 옥스브리지 여름 영어 캠프)를 처음으로 만들게 되었다.

가장 중요한 일은 이 캠프의 초기 자금을 지원해 줄 수 있는 후원자를 찾는 것이었다. 나중에 알게 된 것이지만, 중국의 OSEC 경우 처음 아이디어를 냈던 중국 학생이 재벌가 자제여서 그의 아버지가 초기 자금을 제공해서 손쉽게 진행이 되었다고 한다. 하지만 혜리와 나는 후원자를 직접 찾아야 했고, 이를 위해 우리는 사업 계획서와 관련 자료들을 작성하기로 했다.

실제적인 자료가 있으면 우리의 계획을 더 명확하게 보여 줄 수 있을 것이라고 생각했다. 이에 OSEC 캠프에서 중국 학생들을 가르치기 위해서 직접 만든 수업 자료들을 구해다가 편집해서 간추려 놓았다. 그리고 캠프 운영에 필요한 절차를 다듬어서 날짜와 함께 엑셀에 보기 좋게 정리해 놓았다. 또한 필요한 자금을 예상해서 세부 항목으로 나누고 한국에서 과거에 열렸던 대형 여름 캠프에 대한 케이스 스터디를 한 것도 미리 준비했다. 우리는 이렇게 조목조목 정리해 놓은 자료를 책자로 만들었고 나중에 유용하게 사용할 수 있었다.

기회는 우연히 찾아왔다. 대학 1학년 시절 부활절 방학 때 한 달 반 정도 「조선일보」에서 인턴을 했는데 그때 알게 된 기자 한 분에게 후원 관련해서 도움을 주실 수 있을지 연락을 드렸고, 자연스럽게 조선일보사의 교육 전문 부서인 에듀 조선에서 담당자를 소개받았다. 여름방학 때 한국에 들어온 김에 담당자를 만나서 열심히 만든 책자를 보여 드리면서 우리가 구상하고 있는 캠프에 대해 설명을 했다. 감사하게도 담당자의 반응은 예상했던 것보다 훨씬 긍정적으로 돌아왔다.

"아, 이거 참 좋은 아이디어네요. 어떻게 이런 생각을 했지? 안 그래도 에듀 조선에서도 캠프를 기획하고 있었어요. 경기도 교육청이랑 같이 사업을 하려고 논의 중이었는데 KOSEC 캠프도 함께할 수 있을 거 같네요."

결과는 대성공이었다! 그해 여름방학 수차례 만나서 논의를 한 결과 경기도 교육청이 후원을 하고 에듀 조선이 주최를 하고 우리 KOSEC 단체가 캠프에 필요한 모든 교사와 교육 콘텐츠를 제공하기로 해서 여름방학 캠프를 하는 것으로 결정했다.

옥스퍼드 학부 시절 동안 내가 공부 못지않게 정말 열심히 한 활동이 바로 이 캠프 기획이었다. 혜리는 옥스퍼드와 케임브리지 대학교에서 캠프 선생님을 할 학생들을 모집하는 일을 담당했고, 나는 에듀 조선 담당자와 연락을 해서 캠프의 일을 진척시키는 행정적인 업무를 담당했다.

캠프 홍보를 위해 각 칼리지에 있는 학생회에 연락을 해서 칼리지 학생들에게 메일로 캠프 소개 글을 보냈고, 칼리지 학생 방에 포스터를 붙였다. 대학에서 주최하는 커리어 데이(Career's Day) 같은 취업 관련 박람회에서도 참가하여 우리 부스를 만들었다. 모집 결과 40명을 뽑는데 무려 90명의 학생이 지원을 했다.

1차 서류 과정, 2차 면접을 통해서 선생님들을 뽑은 후에는 1학기 동안 계속 연락을 해 가면서 수업 자료 준비를 도왔다. 1박 2일 캠프도 하고 세미나도 하면서 어떻게 아이들을 가르칠지 교수법에 대한 강의도 했다.

일은 여기서 끝이 아니었다. 나는 에듀 조선 담당자와 연락을 하면서 캠프 준비 사항(캠프장 섭외, 캠프 참가 학생 선발 등)을 챙겼고 2학년 부활절 방학에 또 한 번 한국을 방문해서 영국 선생님들을 보조해 줄 수 있는 한국 대학생들을 인터뷰해서 선발하기도 했다. 한국 선생님들 역시 서울대와 고려대, 연세대 등 소위 한국의 명문대 학생들이었다.

드디어 여름 방학이 왔다. 캠프 시작 전 일주일 동안 영국 선생님들을 위해서 동해안, 설악산, 제주도 등 정말 빡빡한 한국 여행을 하고, 캠프가 열리는 장소로 와서 한국 선생님들과 함께 일주일 동안 오리엔테이션 시간을 가졌다. 캠프는 2주일 동안 두 차례에 걸쳐 진행되었다. 한 기수에 200명의 아이들을 뽑았으니 무려 400명의 아이들과 함께한 것이다.

많은 수의 영국 학생들이 고등학교를 졸업하고 대학교에 입학하기 전에 갭 이어(Gap Year)라고 하는 1년 정도의 시간을 갖는다. 이 기간 동안 봉사나 여행, 인턴, 창업 등과 같은 다양한 활동을 직접 체험하고 자신이 나아갈 방향을 모색하는 것이다. 갭 이어뿐만 아니라 방학 동안에도 많은 수의 학생들이 다양한 경험에 도전해 보는데, KOSEC에 지원한 학생들도 이러한 문화적 풍토의 영향을 받았다.

요즘 우리나라에서도 대학 시절 동안 교환 학생이나 어학연수를 통해 해외에서의 경험을 쌓는 이가 많으며, 「동남아에서 살아보기」와 같은 TV 프로그램의 등장에서도 알 수 있듯이 단순히 여행을 넘어서 해외에서 살면서 그 나라 문화를 체험하고 이국적인 삶을 동경하는 트렌드가 생겨나고 있다.

영국인들은 여행을 하거나 이국적인 문화에 뛰어들어 새로운 삶을 경험하는 것이 삶의 양식이다. 옥스퍼드와 케임브리지 학생들은 여름방학을 거의 통째로 시간을 비워서 해야 하는 이런 활동들을 낯선 나라에서 자신이 젊은 시절에 할 수 있는 의미 있는 활동으로 생각했다.

앞에서 언급한 유명한 인문학자 마사 누스바움은 사회에 나가기 전 학생들이 기본적으로 학교나 가정에서 익혀야 하는 중요한 소양을 '서사적 상상력(Narrative Imagination)'으로 정의하여 설명했다. 굉장히 이질적이고 생각이 다른 사람들의 스토리(서사)를 공감하고 이해하며 그 사람들의 입장에 서서 상상할 수 있는 능력 정도로 풀이할 수 있다. 이러한 서사적 상상력을 키우기 위해 가장 효과적인 경험은 외국에 나가서 여행만 하는 게 아니라 친구를 사귀고 그들의 가정을 경험하고 깊은 대화를 나누는 것이라 한다.

교육학자가 된 후 이 시절을 돌이켜 보니, 나와 혜리 그리고 캠프에 참여했던 옥스퍼드 케임브리지 학생들이 열과 성의로 준비했던 KOSEC야 말로 이러한 서사적 상상력을 키우기에 가장 적합한 기회였다는 생각이 들었다. 단순히 여행을 하는 것이 아니라 외국에서 한 달 넘게 살면서 그 나라 학생들을 가르치고 동료 대학생들과 같이 일하고 여행하면서 많은 대화를 나눌 수 있는 기회였기 때문이다. 혜택이라고는 고작 왕복 비행기표와 숙소 제공 정도뿐이고, 거의 한 달 동안 캠프에서 가르쳐야 하니 자기 시간을 많이 투자해야 하는데도 젊은 학생들이 적극적으로 캠프에 임하는 것은 바로 그들 안에 삶의 양식으로 내재되어 있던 세계화된 마음가짐 때문이었을 것이다.

피스 메이커
(Peace-Maker)

　200명이 넘는 아이들과 100명에 가까운 선생님들이 모였으니 캠프 기간 중 온갖 사건, 사고가 끊이질 않았다. 그중에도 트러블 메이커는 단연 앤디였다. 앤디는 케임브리지 대학교에서 화학을 전공해서 수업도 화학 실험 위주로 꾸몄다. 그래서 앤디의 교실에서는 항상 김이 모락모락 났다.

　"아니, 김선 선생님, 앤디 반 학생들 괜찮을까요? 좀 위험해 보이는데…."

　경기도 교육청 관계자가 걱정스러운 듯이 말했다.

　"걱정 마세요. 앤디가 자기가 책임진다고 했어요. 문제는 하나도 없대요."

　하루는 앤디가 나에게 LPG 가스를 구해 달라고 했다.

　"앤디, 그걸로 뭐 할 건데? 알겠지만 LPG 가스는 엄청나게 위험하단 말이야. 그리고 경기도 교육청 사람들이 안 좋아할 거야!"

　"선, 걱정 하지 마. 나 화학자야. LPG 가스를 어떻게 다루는지 정확하게 알거든. 그리고 우리 수영장에서 할 거니까 걱정은 꺼 도 돼!"

첫 번째 캠프 첫 주에는 날씨가 아직 덥지 않아서 수영장에 물 을 채워 놓지 않은 상태였다. 거기에서 실험을 한다는 것이었다. 결국 앤디의 고집에 밀려서 허락을 해 버리고 말았다. 다음 날, 수영장에서 커다란 LPG 가스통에 호스를 연결하더니 비눗방울 을 둥둥 띄운다. 학생들은 옆에서 눈을 빛내며 흥미롭게 앤디가 하는 것을 쳐다보고 있었다.

"아니, 여기서 뭐 하는 거예요? LPG 가스통을 수영장에 놓으 면 어떡해요? 지금 정신이 있는 거예요, 없는 거예요? 안전장치 없이 LPG 가스를 함부로 만지면 어떻게 되는지 알아요? 만약에 터지기라도 하면 우린 모두 끝장이에요!"

캠프장 사장님이 화가 머리끝까지 나서 쫓아오셨다. 기가 죽은 앤디는 실험을 접고 LPG 가스통을 부엌으로 반납해야 했다. 앤 디의 소행은 이것으로 끝나지 않았다. 캠프장 부엌에 있는 그릇 과 조리기구들을 몰래 빼내다가 학생들과 실험을 하다 조리기구 들을 모두 폐기 처분시키기도 했다. 화가 난 식당 조리사들을 진 정시키는 건 내 몫이었다. 하지만 캠프 수업 중 앤디의 '화학 수 업'이 가장 인기가 좋았다. 어쩌면 창의적인 수업의 적은 다름 아 닌 부족한 상상력이었으리라! 지금 생각하면 우리의 제한된 상상력으로 무궁무진한 창의성이 담긴 수업을 위험한 수업으로 치부해 버렸던 것이 못내 아쉽기만 하다.

오전에는 선생님이 준비해 온 수업을 하고, 오후에는 배구, 농구, 배드민턴, 축구 등 운동도 하고, 노래 부르기와 저글링, 그림 그리기를 했다. 2차 캠프에서는 날씨가 너무 무더워져서 5분 거리에 있는 시냇가에 가서 신나게 물놀이를 했고, 수영장에 물을 채워 수영을 배우기도 했다.

뭐니 뭐니 해도 캠프의 하이라이트는 저녁 레크리에이션 시간이었다. 우리는 탤런트 쇼, 비닐봉지로 만드는 옷 패션쇼, 마카레나 댄스, 포그 댄스 등 다채로운 프로그램을 준비했다. 무엇보다도 댄스 시간이 인기였다. 선생님들이 유행하는 팝송으로 댄스를 만들어 가르쳐 주었는데, 너무 어렵게 만들어 학생들이 따라하기 어려웠지만 그래도 배꼽을 잡고 웃으면서 배웠다.

캠프는 정말 바쁘게 끝났다. 학생들이나 선생님들이나 모두 끝나는 날에 눈물을 글썽거리면서 아쉬워했다. 개중에는 집에 가기 싫다고 좋아하는 선생님을 부둥켜안고 우는 학생도 있었다. 선생님들도 아이들에게 메일 주소를 주면서 나중에도 꼭 연락하라고 당부했다. 여기저기서 아쉬움에 몇 번씩 껴안아 주는 모습이 보였다. 참 흐뭇한 장면이었다.

20여 년이 지난 지금까지도 이메일로 서로 연락을 하고 지내는 학생들도 있다. 나는 이 사랑과 우애가 열심히 준비했던 우리에게 주어진 가장 큰 선물임을 믿고 감사하다. 하지만 이런 즐거운 활동 뒤에는 문제도 많았다. 무엇보다 가장 큰 문제는 문화 격차였다.

나는 캠프 기간 내내 눌러 터질 듯한 샌드위치가 된 기분이었다. 나는 6부류의 아주 독특한 그룹을 상대해야 했다. 영국 선생님, 한국 선생님, 캠프 학생, 에듀 조선 담당자, 경기도 교육청 담당자, 그리고 캠프 스태프들까지! 나라도, 인종도, 나이도, 성별도 모두 판이하게 달랐다. 가장 갈등이 심각했던 것은 영국 선생님들과 한국 선생님들이었다.

하루는 고등학교 후배이기도 한 한국 선생님이 내가 있는 방으로 오더니 막 울기 시작했다.

"언니, 타냐는 정말 너무 해요. 내가 교실 청소하는데 돕지도 않고 다른 영국 애들이랑 놀기만 해요. 그것뿐만이 아니에요. 정말 너무 이기적이에요."

타냐는 후배가 돕고 있던 영국 선생님이었다. 후배 이야기를 찬찬히 들어 보니 후배는 열심히 교실을 쓸고 있는데 타냐는 같이 돕지 않고 옆에서 영국 애들이랑 수다를 떨고 있었나 보다.

"그때는 타냐한테 가서 직접 얘기를 하면 돼. 도와 달라고. Can you please help me clean our classroom(내가 교실을 청소하는 것 좀 도와 줄 수 있니)? 이렇게. 그럼 타냐도 분명 도와줄 거야."

"내가 빗질하고 있는 거 보면 와서 도와주는 게 당연한 거 아니에요?"

"아니, 영국에서는 도와 달라고 직접 부탁하지 않는 이상은 잘 안 도와줘. 네가 도와달라는 부탁을 하지 않으면 네가 혼자 빗질을 하고 싶기 때문이라고 생각해. 자기가 나서서 도와주는 것은 너의 영역을 침범하는 거라고 여기거든. 그게 영국적 사고방식이야."

그제야 오해가 좀 풀린 것 같았다. 이번에는 영국 선생님들이 나에게 와서 항의를 했다.

"그거 알아? 형석이가 너무 무례해. 우리한테 명령을 해. 우리 보스인 것처럼 말하잖아. 한국 대학생들의 보스일지는 몰라도 우리 보스는 아니잖아."

이건 또 무슨 일인가. 이야기를 자세히 들어보니 문제의 원인을 알겠다. 형석이가 말할 때 명령형 문장으로 영어를 했나 보다. 한국말을 영어로 그대로 번역을 하다 보면 명령형이 나오게 된다. 예를 들면 우리나라에서는 "밥 먹어."라고 얘기해도 무례하지 않다. 하지만 이것을 그대로 영어로 번역해서 "Have a meal."이라 하면 영국에서는 정말 무례한 것이 된다. 'please'나 혹은 'can you?'를 써서 정중하게 요청하는 것이 예의다. "Would you like to have a meal?"이라고 말하는 것이 정확한 표현이다. 문화적인 차이에서 붉어져 나온 갈등이었다.

나는 이런 갈등을 처리하기 위해 영국 학생이랑 한국 학생을 번갈아 만나서 듣고 얘기하고 설명했다. 또한 경기도 교육청 관계자들과 에듀 조선 담당자들과도 계속 만나서 상의하고 대화하며 오해를 풀었다. 또 캠프장 스태프들(특히 식당에서 식사를 준비해주시는 분들!)에게 사정 설명을 하며 양해를 구할 때가 많았다.

정말 샌드위치 속에 끼어 있는 햄과 같은 기분이 들 때도 있었지만 그래도 이 경험을 통해서 많은 것을 배울 수 있었다. 특히 다문화 속에서 생기는 갈등을 극복하는 법에 대해서 말이다. 어느 공동체나 마찬가지겠지만 오해를 풀기 위해선 대화가 최고인 것 같다. 그리고 다른 문화와의 소통을 위해선 먼저 경청해야 한다.

비록 중간에 껴서 난감했던 경우도 많았지만 서로 다른 생각과 문화 배경을 가진 사람들끼리 대화하는 것을 도우면서 피스 메이커(Peace-Maker)로서의 역할이 무엇인지 생각하고 배울 수 있는 소중한 기회를 가지게 되었다. 단순한 통역이 아니라 이중 문화 속에서 상호 간에 문화를 이해하고 수용할 수 있도록 설명하는 능력, 바로 그것이 문화 해석가, 피스메이커라고 할 수 있겠다. 어쩌면 글로벌 소통 능력에 대한 중요성을 절실히 깨달은 시점도 바로 이 캠프였던 것 같다.

실패한
스타트업(Start-up)에서의 기억

샌프란시스코의 하늘은 참 푸르렀다. 구름 한 점 없는 청명한 하늘을 배경으로 길게 늘어져 있는 금문교가 햇빛에 비쳐 반짝거렸다. 나를 공항에서 픽업해 준 직장 동료, 리처드의 조그마한 자동차의 창문을 열고 손을 빼꼼 내밀어 밀려오는 바람의 감촉을 느꼈다. 그런 나를 리처드는 흐뭇하게 쳐다보면서 말했다.

"서부는 동부랑 확실히 분위기가 다르지?"

"응, 여긴 마치 공기조차 자유가 묻어 있는 듯해. 하하하."

리처드와는 대학 졸업 후 내가 처음으로 일했던 직장인 바틱에서 만났다. 바틱은 한창 페이스북으로 미국 서부가 들썩거리던 시점에 미국 아이비리그 학생들이 교육을 기반으로 한 국제적인 온라인 플랫폼을 만들겠다고 투자를 받아서 설립한 벤처기업으로 본사를 샌프란시스코에 두고 있었다. 한국의 교육열을 유학생 친구들로부터 익히 들어 알고 있었던 바틱의 창립자들은 이 온라인 사업의 첫 번째 테스팅 마켓을 한국으로 잡고 진출을 꾀했다.

나는 졸업을 앞두고 진로에 대해 고민하고 있던 차였는데 고등학교 후배의 소개를 받고 이들을 알게 되었고, 그들의 꿈과 야망에 끌려서 첫 직장으로 바틱을 선택했다. 나는 8개월 남짓 이들과 함께 일하면서 아이비리그 대학생들을 비롯한 미국 인재들과 엘리트 교육의 단면을 경험할 수 있었다.

한 시간이 채 안 되어 우리는 바틱의 사무실에 도착했다. 말이 사무실이지 왠 공장 같은 곳 한 편에 컴퓨터 몇 대와 책상을 가져다 놓고, 나와 비슷한 나이 또래의 20대 초반 청년 10명 남짓이 일을 하고 있었다. 마침 점심시간이었는지 모두들 샌드위치를 하나씩 들고 컴퓨터를 쳐다보고 있었다(나중에 들어보니 미국은 점심시간이 따로 없고 개인이 알아서 점심을 해결한다고 했다).

리처드는 먼저 온라인으로 같이 일을 했던 사라를 소개해 주었다. 사라는 스탠퍼드에서 영문학을 전공하고 있는 학생이었는데, 휴학을 하고 바틱의 교육 프로그램을 위한 커리큘럼 만드는 작업을 돕고 있었다. 나는 지난 6개월 동안 사라와 한국 중고등학생들을 대상으로 한 말하기(speaking)와 쓰기(writing) 커리큘럼을 이메일과 화상 통화를 동원해 함께 개발하고 있었는데, 오늘은 첫 대면이었다.

사라는 2박 3일의 짧은 샌프란시스코 출장 동안 나의 말동무가 되어 주었는데, 사라를 통해 들었던 이야기 중 가장 충격적이었던 건 그곳에서 일하는 대부분의 미국 학생들이 전부 무급 혹은 아주 적은 봉급만 받고 일을 한다는 사실이었다. 나는 계약직이지만 많은 돈은 아니어도 일에 대한 수당은 꼬박꼬박 받고 있어서 미국에서 일하는 직원들도 비슷한 대우를 받고 있는 줄 알았다.

한국의 바틱 사무실은 삼성 코엑스 옆의 아셈타워 12층에 있었고, 한 달 임대료만 천만 원이 넘는 아주 고급 사무실이었다. 그때 알게 된 사실은 한국 사무실은 고객을 유치하고 상담을 해야 하는 곳이라 회사 이미지를 위해 전략적으로 고급스런 사무실을 선택한 것이었고, 한국에서 우리와 같이 일을 했던 공동 창립자도 체류비 명목의 돈 정도만 받고 거의 무보수로 일하고 있었다.

그럼에도 불구하고 이들의 얼굴에는 뭔지 모를 열정이 느껴졌다. 나는 너무나 궁금해서 샌프란시스코를 떠나는 마지막 날 사라에게 물었다.

"돈도 안 받고, 이걸 위해 휴학까지 했는데 그러다가 바틱이 망하기라도 하면 어떡하니?"

"물론 제안이 들어왔을 때 이 사업이 실패할 확률에 대해서도 생각해 보았어. 물론 확률은 반반이지만, it doesn't matter! 1년 동안 정해진 공부 이외에 무언가 새롭게 창조해 내는 일을 해 보는 것은 별로 손해 볼 게 없다고 봐. 비록 돈은 못 벌었더라도 나는 경험과 인맥과 그리고 무엇보다도 나에 대해서 배우는 기회를 갖게 될 테니깐. 그리고 최악의 상황이 온다 해도 나중에 이런 경험은 취업할 때 이력서에 엄청 좋은 경력이 될 거야. 그래서 결국 내가 손해 볼 건 없어. 그리고 만약 성공하면? 그럼 우린 대박이야! 하하하." 그녀의 웃음에는 활기가 있어 보였다.

이처럼 두려움이 없는 미국 학생들의 열정에도 불구하고 바틱의 한국 사무실은 1년이 채 되지 못해 문을 닫았다. 초기에 투자받았던 돈도 다 써 버려서 미국 사무실까지 얼마 되지 않아 없어졌다는 안타까운 소식을 들었다. 하지만 사라의 이야기처럼 비록 기업은 사라질지언정 경험은 살아서 다른 곳에 열매를 맺었다.

리처드는 바틱에서의 인턴 경험과 자신이 가지고 있던 IT 기술, 교육에 관심을 살려 예일대학교를 졸업하자마자 아카데믹어스(Academic Earth)라는 프로젝트를 시작했다. 세계 유수 대학 교수들의 강의가 무료 동영상으로 배포되고 있는 현상을 본 리처드는 이렇게 배포되는 동영상은 물론 아이비리그 대학에서 각광받고 있는 교수들을 직접 발로 뛰면서 섭외를 해 동영상을 찍어서 무료로 웹 사이트에 올렸다.

리처드는 이 동영상들을 사용자의 편의에 맞게 분류하고 소개하는 웹 사이트를 만들었고, 미국 교육자들 및 학생들에게 큰 반향을 일으키며 활발하게 운영했다. 그러다 일정 기간이 지나자 사이트를 교육 업체에 매각했다. 물론 이 온라인 플랫폼이 계속 무료 동영상을 필요한 사용자들에게 제공하는 역할을 지속한다는 조건으로 말이다.

이후 리처드는 교육과 IT 벤처에 대한 꿈을 더 구체화시키기 위해 하버드 MBA에 들어가서 필요한 비즈니스 스킬을 배웠고, 지금은 미국 재무부에 들어가 예전 자신과 비슷한 처지의 벤처 기업가들에게 조언을 하고 그들을 키우는 프로젝트를 담당하고 있다.

리처드의 사례야 말로 미국의 교육이 어떻게 산업과 밀접한 연관을 가지면서 한 개인을 성장하도록 이끄는가에 대한 전형을 보여 준다고 할 수 있다. 미국 대학을 졸업하고 실리콘밸리에서 성공한 벤처 기업가로서 승승장구하고 있는 지인들을 인터뷰했을 때 이들이 교육에 대해 정의한 것은 좀 특이하다고 느꼈다. 이들은 교육은 '자신과의 끊임없는 대화'라고 정의했다. 스탠퍼드를 졸업하고 구글과 IBM을 걸쳐 현재는 삼성의 벤처 투자가로 일하고 있는 친구는 다음과 같은 말을 전해 주었다.

"나는 인생을 끊임없는 과정의 연속으로 보고 있어. 교육도 직업도 마찬가지이지. 요즘에는 직업을 하나만 가져야 한다는 법도 없고, 한군데에서만 일해야 한다는 생각도 많이 없어졌어. 왜냐하면 4차 산업혁명의 도래와 함께 변화의 속도도 정말 더 빨라졌거든. 그렇기 때문에 이런 세상에서 가장 중요한 것은 다시 배울수 있는 능력과 자신을 스스로 변화시킬 수 있는 능력(the ability to re-learn and change yourself)이야. 이를 위해선 자신과 지속적으로 진화하는(constantly evolving) 대화를 나눌 수 있는 것이 중요해. 왜냐하면 진정한 변화는 항상 내면에서 나오기 마련이거든.

실리콘밸리야 말로 '창조적 파괴(Creative Destruction)'의 아이디어와 사건들이 가장 집중되어 생기는 곳이지. 창조적 파괴의 문화로 말미암아 세계가 어떻게 될 수 있을지에 대한 다른 비전이 나올 수 있고, 이에 따라 여러 창의적인 사업과 상품 그리고 프로젝트가 나오는 게 아닐까 하는 생각이 들어. 이런 세계에서 살아남기 위해서는 '내가 학습하고 있는가'에 대해서 지속적으로 체크하고 어떻게 이 경험을 통해 더 발전할 수 있을지 끊임없이 자신과 대화를 나눠야 해."

실패한 스타트업 회사였던 바틱을 통해 만났던 사라와 리처드를 비롯한 학생들은 미국 엘리트 대학생들의 사고방식을 전형을 보여 주었다. 바틱의 젊고 패기 있는 대학생 창업가들과 함께 일하면서 미국 청년들이 말하는 혁신과 도전의 의미가 무엇인지 알게 되었다. 그건 바로 다름 아닌 나와의 끊임없는 소통을 통해 자신을 발전시키고 이를 통해 내 안에서 먼저 창조적 파괴의 현장을 만드는 것이었다.

* 본 섹션은 저자의 저서 『교육의 차이』 미국편을 발췌 편집했습니다.

제5장

언어가 다른 이들과
소통하는 법

사춘기는
확장기

"Let it be, let it be, let it be."

윤리 선생님을 졸라 횡성 시내에 가서 저녁을 먹고 시골길을 달려 학교로 돌아오는 길이었다. 오디오에서 나오는 노래를 선생님과 함께 큰 소리로 따라 불렀다.

미국 대학 진학에 필요한 시험들을 모두 끝내고, 이제는 지원할 대학교를 선정하고 지원서와 에세이 준비를 할 때였다. 그 무렵 학교는 3학년 학생들에 대한 단속이 느슨했고, 특히 유학반 학생들은 과외활동으로 외출을 자주 해서 자습 시간에 늦거나 빠져도 혼내지를 않았다. 나는 이런 허점을 이용해서 자유 시간을 즐기곤 했다.

특히 윤리 강사 선생님이 우리와 격의 없이 잘 놀아 주셨다. 그당시 이 선생님은 연세대학교에서 박사과정에 재학 중이셨는데 일주일에 이틀 정도 학교에 오셔서 윤리 수업을 하셨다. 선생님이 자가용을 타고 학교에 오시는 날이면 선생님을 졸라서 횡성이

나 둔내 같은 근처 '읍내'로 놀러 나갔다.

창문을 열고 밤바람을 쐬면서 노래를 부르면 가슴이 뻥 뚫리는 듯했다. 크게 웃기도 하고 소리도 지르고 그렇게 미친 척 놀았다. 갑자기 선생님이 특유의 썰렁한 유머를 하신다.

"선이야, 영어 공부를 하려면 영국으로 가야지. 왜 미국으로 가? 영국어니깐 영어잖아. 미국어이면 미어가 되어야지."

그런데 선생님과 헤어지고 자습실로 돌아오는데 자꾸만 선생님의 그 아저씨 유머가 생각났다. 생각해 보니 굳이 미국에서만 공부할 필요는 없을 것 같았다. 정말 영어는 영국 사람들 말이니까! 영국 대학에 대해 아는 것이라곤 영국에 옥스퍼드 대학과 케임브리지 대학이 있다는 것이 전부였는데, 왠지 옥스퍼드가 케임브리지보다는 더 멋이 있어 보였다. 옥스퍼드가 케임브리지보다 더 역사가 오래된 학교고, 영어권 최초의 대학이라는 사실을 알게 된 건 나중 일이다. 그래서 자습실로 돌아가서 인터넷으로 'Oxford University'를 검색했다. 웹 사이트에 들어가 이것저것 살펴보니 내가 준비하고 있었던 미국 대학 입학시험 성적들로 옥스퍼드 대학에 지원할 수 있다는 것이 아닌가.

'아니, 그럼 내가 지금까지 준비했던 미국 대학 시험 성적으로도 지원은 할 수 있다는 말이잖아. 밑져야 본전인데 한번 지원이나 해 봐?'

그렇게 선생님의 썰렁한 유머가 계기가 되어 나는 옥스퍼드 대학을 지원하게 되었다. 마침 유학반 담임선생님께서 호주에서 대학을 졸업하신 분이라 내가 영국 대학에 원서를 낸다고 하니 적극 지원해 주셨다. 문제는 여태껏 한국에서 옥스퍼드 대학에 지원한 선례가 없어 지원에 대한 정보가 없다는 것이다. 시험 점수를 기입하는 방법, UCAS라는 영국 대학 공통 지원서를 구하는 것까지 하나하나 대학에 직접 문의를 해서 알아보아야 했다.

영국의 학제는 우리나라의 학제와는 달리 고등학교 2학년부터 자기가 전공할 과목을 선택해서, 알맞은 과목을 4~5개 정도만 공부하게 된다. 예를 들면 공대를 갈 학생들은 고등학교 2학년부터 수학, 물리, 화학, 생물만을 공부해서 A-level이라는 시험을 보게 되고, A-level 성적과 함께 인터뷰를 해서 입학 여부가 결정된다. 반면에 인문계 학생들은 영어, 지리, 미술, 역사 같은 인문계 과목 A-level만 보게 된다. 이렇게 세분화 된 공부를 하고 입학 때부터 대학 전공과목을 정해서 들어간다. 과마다 정원과 지원 자격이 달라서 그에 맞게 준비를 해야 한다.

옥스퍼드 대학은 39개 칼리지의 연합체이다. 미국이나 한국에서 쓰는 칼리지는 기숙사 혹은 인문대학, 사회과학대학 이런 총체적인 과를 나타내기 위해 쓰이는 반면, 옥스퍼드의 칼리지는 학생수가 400명 정도 되는 작은 대학교이다. 독립적으로 재정을 운영하며 학생도 자체적으로 선발한다. 칼리지 안에 거의 모든 과가 존재하며, 기숙사나 복지도 칼리지마다 각각 다르다.

칼리지의 건물들은 한국처럼 따로 캠퍼스 안에 있는 것이 아니라 옥스퍼드 시 안 곳곳에 위치해 있다. 그래서 옥스퍼드 타운 사람들과 같이 섞여서 산다. 물론 칼리지 건물 안에 쿼드(quad)라고 불리는 조그마한 잔디밭도 있고, 운동을 할 수 있는 시설도 가지고 있기 때문에 대학 캠퍼스 분위기는 풍긴다.

칼리지가 독립적으로 운용되기 때문에 어느 칼리지를 졸업하느냐가 중요하다. 그래서 학생들이 옥스퍼드 대학교를 지원할 때 가장 고심하는 것이 전공과목 다음에 칼리지 선택이다. 예를 들면, 머튼 칼리지(Merton College)는 학업성적이 우수한 학생들이 많이 가기로 유명하고, 대학원 전용 칼리지인 세인트 안토니스(St. Antony's)는 국제적으로 유명한 외교관이나 정치인들이 공부하는 곳으로 유명하다.

옥스퍼드 대학 입학을 준비할 당시에는 이런 내용을 설명해 주는 사람도 없을 뿐더러 학교 홈페이지에도 정보가 많지 않았다. 지금이야 국제화에 대한 관심이 크지만 그 당시만 해도 옥스퍼드 학부 시스템은 자국 학생들 혹은 과거 영국의 식민지였던 국가 유학생들 위주여서 학교 홈페이지에도 영국 교육 시스템을 잘 안다는 전제 하에 내용을 편성해 놓았기 때문에 이런 기초적인 내용을 설명해 줄 리가 만무했다.

다행히도 옥스퍼드 대학교에서 외국인 학생들을 위해서 '열린 지원(open application)'이라는 제도를 만들어 놓았는데, 미리 칼리지를 정해서 지원하는 게 아니라 옥스퍼드 대학 중앙 행정처에서 칼리지를 선정해 주는 방식이다. 나는 열린 지원을 하고 기다렸다. 원서를 보내고 일주일 후에 연락이 왔는데, 허트포드 칼리지(Hertford College)에 배정이 되었단다. 그 후부터는 허트포드 칼리지 담당자와 개인적으로 이메일을 주고받으면서 나머지 원서를 작성하고, 필요한 자료들을 보냈다.

전공과목은 PPP(Philosophy, Psychology, and Physiology: 철학, 심리학, 생리학)으로 골랐다. 고등학교 시절 프로이드의 책을 많이 접해서 상담 심리학에 관심이 있었고, 철학, 문학 책들에 나타나는 사람 심리에 대해 공부하고 싶어서였다. 옥스퍼드에서는 PPP 말고도 PPE(Philosophy, Politics and Economics: 철학, 정치, 경제) 혹은 E&M (Economics and Management: 경제와 경영)같은 통합 과정 전공들이 많다.

원서를 보내고 2주 후, 허트포드 칼리지의 PPP 학과 교수에게서 6줄 정도의 짧은 이메일이 왔다. 나의 성적과 과외 활동에 감명을 받았으며, 허트포드 칼리지 공동체에서 함께하고 싶다는 내용이었다. 긴 장문의 편지가 우편으로 올 거라 기대하고 있었던 나는 이 짧은 메일이 합격 통지를 알려 준다고 생각하지 못했고, 정상적인 합격 발표 시기도 한 달이나 더 남아 있었기 때문에 무슨 메일인지 의아해 할 수밖에 없었다. 하지만 이 메일을 읽어 보신 담임선생님께서는 기뻐서 어쩔 줄 몰라 하셨다.

"선이야, 합격된 거야! 모르겠니? 함께하고 싶다는 것은 합격했다는 것의 완곡한 표현이잖아?"

"아, 정말요? 믿을 수가 없어요. 제가 옥스퍼드에 합격하다니요!"

나중에 알게 된 사실이지만 미국 사람이었던 PPP 담당 교수님은 나의 SAT 성적을 인상적으로 느끼셨고 놀라셨다고 한다. 그리고 PPP에서 중점적으로 보던 과학 과목 성적들도 모두 좋았던 터라, 원래해야 하는 인터뷰도 생략하고 미리 나에게 합격 통지를 주었다고 한다. 윤리 선생님의 농담 한마디로 시작하게 된 일이 내 인생을 송두리째 바꿔 버렸다고도 할 수 있다.

청소년 시기는 확장기이다. 청소년기에 사고의 외연이 가족과 지역사회를 넘어 전 세계로 확장되는 것은 자연스러운 발달 과정이다. 학령기에 형성된 직관적 개념적 사고가 청소년기에 걸쳐 추상적 사고로 발전하고, 이를 통해 청소년들은 "개인적 경험과 삶에 대한 직접적 지식 그리고 다양한 환경 속 사람들의 관계를 분석할 수 있는 능력을 형성"할 수 있다.[14] 따라서 청소년들은

"이전보다 훨씬 충만한 방법으로 개인적 감정, 공포, 포부를 처리하고, 자신의 삶을 끊임없이 탐색"하기 때문에, 하워드 가드너는 "교육과정 속에 윤리 문제, 최근 사건, 지역 사회나 범세계적인 고민을 포함시켜야 한다"고 주장한다.[15]

이런 의미에서 민족사관고등학교는 나에게 사춘기 시절에 겪어야 하는 확장의 발판을 마련해 주었다. 마음으로만 품었던 세계로 뻗어 나가고 싶다는 나의 사춘기 시절 꿈을 현실로 바꾸어 준 소중한 학교였다. 그리고 그렇게 영국으로 확장된 나의 세상은 옥스퍼드에서 세계 각지에서 온 친구들과 선생님들과 소통을 통해 전 세계로 확장되었다.

---

14 비고츠기, 비고츠기 연구회 역, 『어린이의 상상과 창조』(2014), 살림터, 88쪽.

15 하워드 가드너, 문용린 역, 『다중지능』(2007), 웅진지식하우스, 172쪽.

140여 개국 인재가 모인
국제 사교장

옥스퍼드를 영국 상류층 학생들이 다니는 학교로 생각하면 오산이다. 내가 본 옥스퍼드는 그야말로 세계의 온갖 사람들이 모인 국제적인 학교다. 이곳에 다니는 영국 사람들 중에는 귀족 가문 출신에 이튼(Eton)이나 해로우(Harrow) 같은 좋은 명문 사립학교를 거쳐 온 학생들도 있고, 평범한 집안에서 태어나 열심히 공부해서 온 학생들도 있다. 아프리카 왕자(부족장의 아들)와 일본 공주, 미국 대통령의 자손 등 깜짝 놀랄만한 배경을 가진 사람들뿐 아니라 자국에서 뽑힌 최고의 엘리트에 이르기까지 정말 다양한 학생들이 와서 공부한다.

옥스퍼드 대학 커뮤니티는 크게 학부생, 대학원생, 교수진으로 이루어진다. 이곳에서는 이 세 그룹을 각각 JCR(Junior Common Room), MCR(Middle Common Room), SCR(Senior Common Room)이라고 부른다. 옥스퍼드에서 이 세 그룹의 경계는 아주 뚜렷하다. 모든 활동은 각각의 그룹 안에서 이루어지기 때문에 이 세 그룹이 섞이는 경우는 아주 드물다. 특히 SCR은 교수에게 특별히 초대받지 않은 이상 경험하기가 힘들다.

JCR(학부생)은 옥스퍼드대학 내에서 가장 활발하고 생기 넘치는 그룹이다. 이곳에서는 많은 과외활동들이 이루어지고 학생들끼리 사귈 기회도 많다. 각 칼리지에서는 봅(Bop)이라고 하는 일종의 댄스파티를 한 학기에 한 번씩 가진다. 이때는 시끄러운 음악과 화려한 조명을 틀어 놓고 칵테일이나 음료수를 마시며 춤을 추기도 한다.

JCR은 외국 학생의 비율이 낮다. 내가 다니는 칼리지만 해도 120명의 신입생 중에서 6명 정도만이 외국 학생이었다. 그중 대부분은 다른 유럽 국가에서 왔다. 첫날 전교생이 모였을 때 나 혼자 동양 여학생이었다. 그때 가슴이 쿡쿡 막히던 기억이 아직도 생생하다.

이에 반해 MCR(대학원생)은 정말 국제적인 그룹이다. 소문에 의하면 MCR의 거의 반 정도가 미국인이라고 한다. 확실한 것은 영국 학생들의 수가 미국 학생들의 수보다 적다는 것이다. 세계 각국서 모인 사람들로 인해 MCR의 분위기는 매우 다양하고 포용적이다.

정치학 분야에서 이름이 높은 옥스퍼드의 세인트 안토니스 칼리지(St. Antony's College)는 140여 개국에서 온 사람들로 이루어져

제5장 • 언어가 다른 이들과 소통하는 법

있다. 언젠가 그곳에 있는 이탈리아 친구의 초대를 받아 점심을 먹으러 간 적이 있었다. 식사를 마치고 커피를 마시는 휴게실에서 이탈리아어, 프랑스어, 스페인어 등 각각 다른 악센트의 영어를 듣고 신기해하던 기억이 난다.

마지막으로 SCR은 옥스퍼드에서는 절대적인 권위를 자랑하는 교수들의 집단이다. 이곳의 거의 모든 시설들에 SCR을 위한 곳이 따로 설치되어 있다. SCR 휴게실은 '호화롭다'라는 말이 나올 정도로, 하얀 앞치마를 입은 웨이트리스들이 차나 커피, 비스킷을 교수들에게 서빙 한다. 이곳이야말로 옥스퍼드 학문의 진원지라고 할 수 있다. 세계에서 내로라하는 교수들이 만나 대화의 꽃을 피우며 서로의 생각을 교환한다. 그래서 옥스퍼드는 SCR을 위한 곳이라는 말이 있을 정도이다.

다양한 배경을 가진 사람들이 모인 곳이니 만큼 옥스퍼드 자체 내에서의 문화 수용 노력도 상당하다. 이런 노력은 주로 다양한 문화 이벤트나 학생회의 활동에 의해 이루어진다. 옥스퍼드에는 외국인 학생들이 많은 만큼 국가별 동아리도 많다.

이런 동아리 중에서는 구성원들 간에 서로 도움을 줌으로써 어려운 유학 생활을 헤쳐 나가려는 목적을 가진 것들도 있지만 다른 나라 학생들에게 자기 나라의 문화와 풍습, 음식 등을 알리려는 목적을 가진 것도 있다. 이런 동아리들 중 활동이 가장 활발한 동아리의 하나가 아시아·퍼시픽 소사이어티(Asia-Pacific Society)이다. 유명한 동아시아 인사를 초대해서 강연회를 열기도 하고, 아시아 음식을 소개하는 파티를 열기도 한다. 런던에서 배를 빌려 그 옛날 상하이에서 했던 것처럼 선상 파티를 열기도 한다.

옥스퍼드대학 학생연합(OUSU)은 각 칼리지마다 외국인 학생 대표(international representative)를 두어 외국 학생들에게 직접적인 도움을 주려고 노력한다. 외국인 학생 대표들이 모여 외국인 대표장(international secretary)의 관리 아래 학생회를 연다. 옥스퍼드대학의 한 부서인 인터내셔널 오피스(international office)와의 협조를 통해 외국인 학생들의 복지를 돕고 다양한 이벤트를 열기도 한다. 이 밖에도 영국 학생들 사이에는 외국인 학생들을 도우려는 노력이 상당하다.

이런 학생들의 노력으로 외국인 학생들이 모여 차와 커피를 마시면서 애기할 수 있는 인터내셔널 카페(International Cafe)가 만들어진다. 이들은 영국 문화의 일부인 스코틀랜드의 춤을 배우는 스코티시 댄스 시간(Scottish Dance Practice)을 갖기도 하고 방학을 이용해 봉사 활동을 하는 등 열심히 노력한다.

옥스퍼드라는 국제적인 환경 속에서 다양한 배경의 사람들을 만나면서 가장 절실히 느낀 점은 피부색과 문화와 언어는 다르지만 '사람은 정말 다 똑같다'는 것이다. 영국인은 무뚝뚝하고, 프랑스인은 개방적이고, 일본인은 겉과 속이 다르고, 중국인은 시끄럽다 따위의 지금까지 내가 가지고 있던 과거의 편견들이 서서히 균열이 되기 시작했다. 처음에는 문화적이나 언어적인 장벽 때문에 선입견이나 편견이 있다가도 만나서 대화를 이어 나가다 보면 어느 순간 '우리 참 비슷하구나!' 느끼는 순간이 오게 된다.

이렇게 다름 속에 비슷한 점을 찾아가는 과정은 나에게 자유로움을 선사해 주었다. 바로 너무나 다양한 사람들 속에 한 명인 나는 똑같은 사람이 될 필요가 없다는 '나는 나일 수 있는' 그런 자유 말이다. 그뿐만 아니라 그렇게 자유롭게 대화하고 교류하면서 나는 학교 수업보다 인생에 대해 더 많은 것을 배웠다. 알랭 드 보통이 '인생 수업'에서 배워야 한다고 이야기한 감성 지능(Emotional Intelligence)을 가르쳐 준 가장 좋은 선생님들은 바로 내가 옥스퍼드에서 만난 친구들이었다.

* 본 섹션은 저자가 기고한 주간조선 칼럼 「옥스퍼드대학을 가다(中)」를 발췌 편집했습니다.

문화와 전통이 살아 있는
유럽

학부 첫 학기가 끝나자마자 나는 일본 친구 토모꼬와 함께 겨울방학 동안 유럽 여행을 떠났다. 한 달여간 독일과 스위스, 이탈리아에 친구들을 방문하면서 여행하기로 했다. 친구들을 방문하는 데 드는 비용을 절감하기 위해서 아주 싼 값으로 유럽 지역 항공기 티켓을 살 수 있는 라이언에어(Ryanair.com)나 이지젯(Easyjet.com)을 이용했다. 런던에서 파리 혹은 로마까지 가는 티켓을 단돈 5파운드(한국 돈으로 만 원 정도)에 구할 수 있었다. 물론 세금이 붙어서 실제 비용은 25파운드(5만 원) 정도 하지만, 이 정도로 비행기를 탈 수 있다는 것 자체가 학생들에게는 참 희소식이었다.

덕분에 나는 스위스의 취리히와 이탈리아의 로마와 베니스, 독일의 베를린 등 여러 나라에 있는 주요 도시를 여행할 수 있었다. 그중에서도 가장 기억에 남는 여행은 독일의 소도시 뤼네부르크(Luneburg)로의 여행이었다. 토모꼬가 4년 전 일본에서 영국으로 교환 학생으로 왔을 때 만나 가까워진 독일 친구인 앙겔라가 우

〈독일 크리스마스 마켓〉

〈크리스마스 마켓에서 만난 독일식 빈대떡과 뱅쇼〉

리를 자신의 집에서 크리스마스를 함께 보내자고 초대했기 때문이었다.

우리가 간 날은 크리스마스 준비로 온 마을이 북적거렸다. 크리스마스 시즌의 유럽은 트리 장식과 캐럴로 정말 아름답지만 무엇보다 독일은 크리스마스 마켓이 열려서 더 특별한 것 같았다. 보통 도시의 중심 지역에 크리스마스 마켓이 열리는데 그곳에서는 다양한 케이크와 간식, 그리고 공예품 등을 파는 부스가 펼쳐진다. 나도 뤼네부르크 여행을 가면서 독일의 크리스마스 마켓에 처음 가 보았는데 우리나라 시장처럼 크게 벅적거리지는 않지만 다양한 크리스마스 용품을 구경하고 따뜻한 와인의 일종인 뱅쇼(Mulled Wine)를 홀짝거리며 먹는 기분이 쏠쏠했다.

앙겔라의 가족은 90세가 넘으신 할머니, 부모님 그리고 다섯 남매가 있었는데, 입양을 한 아이도 있었다. 다행히도 앙겔라 가족들과 영어로 소통이 가능해서 독일 문화에 대해 질문하고 배울 수 있는 시간을 가졌다.

크리스마스이브에 우리는 작은 캐럴 콘서트를 가졌다. 내가 피아노 반주를 하고 앙겔라가 플룻을 연주하면서 함께 흥겹게 캐럴을 불렀다. 즐거운 미니 콘서트가 끝난 후 우리 모두는 할머니 방으로 초대되었다. 할머니가 손자들에게 동화책을 읽어 주시는 시간이었기 때문이다. 이렇게 할머니와 함께 동화책을 읽으며 시간을 보내는 동안 부모님들은 풍성한 크리스마스이브 저녁을 준비하셨다.

할머니께서 독일 동화책을 재미있게 읽어 주시면 옆에서 친구 앙겔라가 열심히 영어로 통역을 해 주었기 때문에 모두에게 즐거운 시간이 되었다. 어렸을 때부터 가족들과 이런 시간을 가졌기 때문에, '동화책 읽어 주는 시간'은 가정의 전통이 되었다고 했다. 동화책 읽어 주는 시간이 지나면 모두 거실로 몰려 나가 아이들과 부모님, 할머니가 둥글게 모여 함께 서서 손을 맞잡고 한 해 동안 감사한 일을 나누는 시간을 가진다. 앙겔라는 손을 내밀며, "이제 저녁을 먹기 전에 지난 일 년 동안 우리가 감사해야 할 일에 대해서 나눌 거야. 자, 내 손을 잡아!" 하면서 즐거워했다.

앙겔라의 아버지께서 팔 길이만큼 큰 성경책을 꺼내서 한 구절을 골라 읽으시고는 짧게 기도를 해 주셨고, 그다음 한 명씩 돌아가면서 이야기를 했다.

"저는 부모님께 참 감사합니다. 우리를 변함없는 사랑으로 대해 주신 것에 대해서요."

"저는 제가 원하던 과에 들어가게 되어서 감사해요."

내 차례가 되었다. 그런데 마음이 뜨거워지면서 나도 모르게 이런 말이 나오고 말았다.

"나와는 문화도 언어도 모두 다른 사람들을 만나게 하시고 함

언어의 쓸모

께 교류하게 해 주셔서 감사드립니다."

친구의 아버지께서 나를 자상한 눈으로 바라보는 게 느껴졌다. 따뜻한 사랑의 온기가 마음과 마음을 통하며 옮겨지는 것이 보였다. 그렇게 멋진 '감사의 고백' 시간을 가진 후에, 우리는 맛있는 크리스마스이브 저녁을 먹었다.

즐거운 저녁 시간 이후에 우리 모두는 일찌감치 잠자리에 들었다. 다음 날 아침에 청명한 새소리에 눈을 떠 집 옆에 있는 숲으로 산책을 가니 기분까지 상쾌해지는 듯했다. 집으로 돌아와 보니, 앙겔라의 동생은 어디선가 커다란 썰매를 가지고 와서 썰매를 타고 교회로 향했다. 물론 예배는 독일어로 진행되었기 때문에 찬송과 설교 모두 무슨 말인지 하나도 알아듣지는 못했지만, 나도 모르게 웃음이 지어지면서 독일의 크리스마스 분위기에 흠뻑 젖어 들었다. 교회에서 집으로 돌아와서는 선물을 교환하는 시간을 가졌다. 토모꼬와 나는 미쳐 준비를 하지 못했기에 어색하게 멀뚱히 서로를 쳐다보고 있었다. 하지만 앙겔라의 가족들은 한 명씩 돌아가면서 우리에게 직접 포장한 조그마한 선물들을 주었다.

'아니, 처음 만난 사람들에게까지 이렇게 선물을 주시는 거야?'

그렇게 우리는 할머니의 선물까지 총 8개의 선물 보따리를 받았다. 선물은 액자, 조그마한 노트, 컵받침 등 소소한 것들이었지

179

만 정성스럽게 포장된 선물에서 따뜻한 마음이 느껴졌다. 이렇게 보낸 2001년의 크리스마스는 나의 기억 속에 여전히 '사랑의 크리스마스'로 남아 있다. ·

나중에 알게 된 사실은 유럽에서 특히 기독교 문화가 강하게 남아 있는 가정이나 지역에서는 이렇게 크리스마스마다 선물 교환을 많이 한단다. 특히 "이방인(stranger)을 환대하라."라는 기독교 전통에 따라 '이방인'이자 '방문자'들에게 선물을 전해 준다고 한다. 덕분에 나도 선물을 한가득 받을 수 있었던 것이다. 굳이 기독교 문화라고 하지 않아도 가족들과의 시간을 중시하고 나와 같은 유학생들을 비롯한 이방인 그리고 사회적 약자를 배려하는 태도가 사회의 일상적인 삶이나 문화 곳곳에 배어 있는 것을 볼 수 있다.

사춘기 시절 유럽 곳곳을 여행하고 친구들의 가족과 시간을 보내면서 이들이 가장 중요하게 생각하는 가치를 눈으로 보고 경험하게 된 것 같다. 저녁 시간은 가족이 함께 모여 보내는 시간이며, 식탁은 가족 간의 대화가 꽃 피는 곳이고, 외국인들을 초대해 대접하는 것을 기쁨으로 여기는 문화 말이다.

이런 문화 속에서 자란 아이들은 자연스럽게 다른 문화에서 온 이들과 소통하고 대화하는 법을 배우게 된다. 유럽에서 자라난 아이들이 다양한 언어를 구사하고 문화적 포용력을 가지게 되는 이유도 이러한 문화적인 토양에서 생겨난 것이라는 확신을 독일 가족들과의 시간을 통해 알게 되었다.

미국이
강력한 국가가 된 이유

　아이러니하게도 영국 옥스퍼드에서 가장 많이 만난 학생들은 미국인들이었다. 미국 유학생들 중 상당수가 로즈 장학생(Rhodes Scholar)이었는데, 이 장학금은 영국 식민지였던 나라의 사람들을 뽑아서 영국에서 공부할 수 있는 기회를 주기 위해 만들어졌다. 빌 클린턴 전 대통령도 이 장학생으로 뽑혀 옥스퍼드에서 공부했을 정도로, 옥스퍼드 대학에서 주는 장학금 중에서도 명망 있는 장학금이다. 그 밖에도 미국 학생들을 위한 다양한 장학금 제도가 있기 때문에 옥스퍼드 대학에 유난히 미국 학생들이 많나 하는 생각이 든다.

　내가 속해 있었던 허트포드 칼리지는 프린스턴 대학(Princeton University)과 자매결연을 해서 많은 프린스턴 학부생들이 한 학기에서 일 년 정도 공부를 하러 영국에 왔다. 내가 열심히 활동했던 동아리에서도 많은 미국 학생들이 참여하고 있었다. 팀(Tim)을 만난 것도 동아리에서였다. 팀은 미국 해군사관학교를 졸업하고 마셜 장학금(Marshall Scholarship)을 받고 옥스퍼드로 공부를 하러 온 친구였다. 우리는 동아리 활동뿐 아니라 철학 수업을 같이 들으면서 친해지게 되었다.

학부 마지막 학년이었던 2004년 1월 중순 나는 논문 인터뷰 차 워싱턴 D.C.로 가는 비행기에 몸을 실었다. 미국으로는 처음 가보는 길이었기에 두려움과 설렘이 교차되는 순간이었다. 워싱턴 덜레스 공항에 도착하니 팀이 이미 마중을 나와 있었다. 일단 짐을 호텔에 풀어 놓고, 팀과 함께 저녁 식사를 위해 밖으로 나갔다.

"썬, 내셔널 몰(the National Mall) 보러 가지 않을래?"

나는 어리둥절하여 "내셔널 몰이 뭐야?"라고 물었다.

"워싱턴 D.C. 중앙에 있는 공원인데 거기에 링컨 기념관도 있어."

미국인들이 가장 사랑하는 대통령인 링컨의 기념관이라니 귀가 솔깃했다.

"그래. 같이 가자!"

마침 그날은 미국 동부의 전형적인 겨울 날씨로 변덕스럽고 엄청나게 추웠다. 미국에서도 몇 십 년 만에 찾아온 폭설과 추위라고 했다. 팀과 함께 발을 동동 구르며 손에 입김을 불어 넣으면서 내셔널 몰을 지나 링컨 기념관으로 갔다. 계단을 따라 올라가면 링컨 대통령의 동상이 있는 곳으로 들어갈 수 있었다.

〈미국인들이 가장 사랑하는 대통령인 링컨의 기념관〉

링컨 기념관을 받치고 있는 기둥은 36개로 대통령 암살 당시인 1865년의 36개 주를 의미한다고 한다. 링컨 대통령 동상이 있는 양옆에는 게티즈버그의 연설문과 제2회 취임 연설문이 새겨져 있는데, 게티즈버그 연설문을 읽을 때도 너무 추워서 정신이 없었다. 결국 우리는 빠른 걸음으로 차이나타운에 가서 중국 음식점으로 들어갔다. 얼마나 정신이 없었는지 그때 뭘 먹었는지도 기억나지 않을 정도였다.

주말에는 팀과 미국 해군사관학교를 구경하기로 했다. 마침 방문한 날이 일요일이라 해군사관학교 안에 있는 교회에서 같이 예배에 참석했다. 교회의 크기와 규모가 압도적이었는데, 특히 돔 모양의 지붕은 스테인드글라스(Stained Glass)가 얼마나 화려하던지 숨이 막힐 지경이었다. 교회에서 팀이 평소 친하게 교류하는 해

언어의 쓸모

군 장성도 참석해서 자연스럽게 인사할 수 있는 기회도 가졌다. 나는 속으로 '앗, 미국의 장성과 악수까지 해 보다니!' 하며 소리를 질렀다.

예배가 끝난 후에는 해군사관학교 학생들과 점심을 먹었다. 해군 유니폼을 멋지게 차려 입고 깔끔하게 빗어 넘긴 머리 때문인지 씩씩하고 근사해 보였으나 겉모습과는 달리 학생들은 숫기가 없었다. 처음 만난 이 동양인 여자아이가 누구인지 호기심 어린 눈으로 바라보고 있으면서도 내가 질문을 건네면 쑥스러운 듯 단답형으로 대답할 따름이었다. 팀은 그들이 신입생이라서 언제나 긴장하고 있어서 그렇다고 귓속말로 알려 주었다.

점심을 먹은 후에는 한가롭게 해변을 따라 거닐면서 평온한 분위기를 만끽했다. 그 후 애나폴리스에 가서 식민지 시대 때 지은 건물들과 시청도 구경하면서 1700년 대 미국으로 돌아간 듯한 정취를 느끼기도 했다.

꿈같은 8일 동안의 워싱턴 방문 기간에 팀을 세 번이나 만났다. 만날 때마다 워싱턴의 새로운 장소로 나를 안내해 주어서 편안한 시간이 될 수 있었다. 가장 기억에 남는 건 홀로코스트(세계 2차 대전 유대인 학살) 박물관에 방문한 후, 그 근처 호수에서 오리 보트를 타고 신나게 페달을 구르면서 팀과 아시아와 미국에 대해 정답게 나눈 이야기들이었다.

보트에서 내려 링컨 동상과 토머스 제퍼슨 동상을 보기 위해 워싱턴 중앙 공원을 가로 지르고 호수의 다리를 건너면서, 팀은 미국의 건국 역사에 대한 이야기를 들려주었다. 미국에서 가장 중요한 가치는 '자유'이며 종교적인 자유를 비롯한 개인의 자유를 지키기 위해 어느 한 사람에게 권력이 집중되는 것을 막는 제도를 만든 것이 오늘날의 미국을 만들었다는 이야기였다.

영국도 그 어느 나라보다 개인의 프라이버시(privacy)를 존중하고 타인의 간섭을 배제하고 개인의 자유를 보장해 주려는 자유주의적인 문화가 발달했는데, 미국은 이를 제도적으로 발전시켜 정치적으로 사법적으로 강화시킨 나라라는 생각이 들었다.

프랑스의 정치학자이자 정치가였던 알렉시스 드 토크빌(Alexis de Tocquiville)은 프랑스 정부의 파견을 받아 1830년대에 미국의 민주주의에 대해 연구를 하고 이를 바탕으로 지금까지 고전이 되어 읽히고 있는 『미국의 민주주의』라는 책을 썼다. 여기서 토크빌은 미국 민주주의의 힘은 자유를 보장 받은 개인이 사회경제적 조건이나 신분 혹은 계층에 구애받지 않고 특정한 목적을 위해 지역 사회 공동체나 자그마한 시민 단체를 만들어 끊임없이 정치 활동을 벌이는 것에서 나온다고 주장했다.

"미국에 발을 들이는 순간 일종의 격정에 휩싸이게 된다. 미국인이 아는 거의 유일한 즐거움은 정부에 참여하여 정부의 활동을 논하는 것이다. 이 열정의 일례를 들자면, 뉴욕 주 오번(Auburn)에서 열린 대규모 야외 집회에서 버지니아 주의 리버스(Rivers) 상원의원은 청중들에게 세 시간 반 동안 연설을 했다. 그리고 청중이 잠시 휴식을 취한 다음, 사우스캐롤라이나의 리갈(Legare) 상원의원이 또 두 시간 반 동안 연설을 했다!"[16]

미국인들의 정치적 참여는 그 어느 나라보다 활발하다. 내가 옥스퍼드에서 만난 미국 친구들 중에는 특정 정당에 소속되어 정치 활동을 하는 학생들이 많았다. 석박사 과정을 같이 했던 에바(Eva)는 로즈 장학생이었는데 교육학을 전공했음에도 불구하고 미국의 대선 정국에서 민주당 대통령 후보인 오바마의 유세 활동에 참여했다. 에바는 2년 만에 박사 논문을 패스하고 미국으로 건너가 바로 민주당에 합류했다. 팀도 옥스퍼드에서 공부하고 돌아간 후 해군에서 몇 년간 복무하고 공화당 계열의 핵심 연구소(think tank)에 들어갔다.

미국의 정치사상가인 마이클 노박(Michael Novak) 박사는 저서인『민주자본주의의 정신(The Spirit of Democratic Capitalism)』에서 실질적인 데이터 통계를 들어 민주주의와 결합된 자본주의 사회[17]야말로 가난을 없애고 사회경제적 격차를 줄여 주고 신분적 사회

16　「알레시스드 토크빌: 미국의 민주주의(1835)」, 주한미국대사관 홈페이지 참조.

계층을 없앤다고 주장했다.[17]

미국은 철저한 자본주의 사회라 사람들 간의 관계가 굉장히 사무적이고 계산적이라는 이야기를 많이 들었다. 하지만 우연인지 모르겠지만 팀을 비롯해 내가 사귄 미국 사람들은 굉장히 호의적이고 베풀기를 좋아하는 사람들이었다. 물론 다양한 사람들이 사는 세상이니 악한 사람도 분명 있겠다. 하지만 적어도 영국에서 독일에서 그리고 미국에서 살면서 내가 만나고 경험한 미국 사람들은 굉장히 신뢰와 신의를 중요시했다. 그런 신뢰가 바탕이 되어 있기 때문에 다양한 문화와 민족의 사람들이 조화까지는 아니어도 균형을 이루면서 사회를 이루고 있다는 생각이 들었다.

내가 좋아하는 영어 단어 중에 integrity가 있다. '정직, 신의'라는 의미를 담고 있는 단어이다. 미국이라는 사회가 정말 다양한 인종 및 배경의 사람이 살고 있음에도 사회가 작동할 뿐만 아니라 전 세계에서 가장 부유하고 강력한 민주 자본주의 체제를 가지고 있는 이유를 상징하는 단어가 아닐까? 바로 integrity란 말을 삶의 현장에서 실천하는 사람들이 미국이란 나라를 지탱하고 있기 때문이다.

---

17 그는 이를 '민주 자본주의(Democratic Capitalism)'라고 명명했다.

가까운 나라 일본의 눈으로 본
우리나라

　옥스퍼드에서 만난 나의 일본인 친구 나츠노의 할아버지는 일제 강점기에 서울에 덕수궁 미술관, 숙명 여고, 천도교 교회 건물을 건축한 건축가였다. 그래서 나츠노가 한국에 방문했을 때 함께 서울 시내를 샅샅이 뒤져서 그 건물들을 구경하러 다녔었다.

　이번에는 나츠노의 초대로 내가 일본을 가기로 했다. 교통비도 아끼고 일본의 다양한 모습을 경험하기 위해 서울에서 도쿄로 가는 직항 비행기를 타지 않고, 후쿠오카까지 가는 비행기를 타고, 후쿠오카에서 일본의 고속철도인 신칸센으로 갈아타고 도쿄에 갔다. 도쿄 역에 도착하니 친구 나츠노는 엄마와 함께 나를 반갑게 맞아 주었다.

　"선아, 지난번 한국 갔을 때 잘해 주었던 것 정말 고마워. 유감스럽게도 우리 집이 공사 중이라 우리 집에서 재워 줄 수가 없어. 대신 아빠가 호텔에 투숙할 수 있는 공짜 티켓을 주셨어. 오늘은 그곳에 가서 자."

그리고 데려간 곳이 도쿄 중심가인 롯본기의 한 유명 호텔이었다. 한국에서도 이런 곳에 머무른 적이 없던 나는 화려함에 압도되어 어안이 벙벙해졌다. 창문 커튼을 걷으니 도쿄의 야경이 한눈에 들어왔다.

"너무 예쁘다. 나츠노, 정말 고마워."

"선아, 우리 할머니가 서울에 있는 할아버지의 건축물 사진을 보고 너무 감동을 받으셨단다. 할머니가 너무 고마워하셔서 나도 정말 잘해 주고 싶을 뿐이야."

다음 날, 또 다른 일본 친구 토모꼬가 우리를 찾아왔다. 우리는 그날 밤, 호텔 꼭대기의 라운지에서 근사한 음식을 나누어 먹으며 칵테일을 함께 마셨다. 고급스런 호텔 라운지 분위기에 어울리지 않은 차림새 때문에 서로를 바라보면서 웃음 지었다. 멋진 턱시도나 검정 드레스를 입고 가야 할 호텔 라운지에 여행객의 모습을 한 갈색 바지에 보라색 스웨터를 입고 있었다니…. 나츠노와 토모꼬도 나의 옷차림과 별반 다르지 않았다.

"선아, 우린 일반적인 일본인이 아닌 것 같아."

"나도 그런 걸. 나도 한국에서는 특이한 사람이야."

"하하하."

우리는 함께 피자와 스파게티에 무알콜 칵테일을 마시며 밤이 깊어 가도록 이야기꽃을 피웠다.

다음 날 토모꼬와 도쿄 대학을 비롯해서 전통 수공예 거리와 긴자 지역 등 여러 곳을 돌아다녔다. 벚꽃이 흐드러지게 핀 일본의 왕실 가족이 살고 있는 궁전도 관람했다. 일반 대중에게 공개된 부분만 구경을 하고, 공원 벤치에 앉아서 토모꼬와 나는 또 대화 삼매경에 빠져 버렸다. 우리는 관심사가 많이 비슷해서 대화는 갑자기 열띤 토론과 논쟁으로 확대되기도 한다.

그날 궁전 안 특별 전시회에서 과거 세계대전 때 쓴 일본 일왕(히로히토)의 친필 서신이 전시되어 있는 것을 보았다. 그 전시물을 함께 보면서 토모꼬는 일왕과 관련된 무거운 이야기를 꺼냈다. 전시물에 대한 설명은 "일왕은 전쟁을 반대했지만 정치가들의 압력에 못 이겨 결국 전쟁을 승낙한다는 서명"을 하게 되었다고 적고 있으나, 이에 대해 토모꼬가 자기의 의견을 말했다.

"그 당시에 일왕은 공식적으로 일본의 최고 의사 결정자였어. 구헌법인 메이지 헌법(대일제국헌법)상으로는 육해군의 통수권자를 일왕으로 규정하고 있고, 전쟁 선언과 제반 조약의 체결도 일왕이 관장하게 되어 있었어. 그가 직접 전쟁을 승낙한다는 서명을 했다는 것은 그것이 일왕의 자의적인 선택에 의한 것이 아니었다고 하더라도 전쟁에 대한 책임이 있다고 할 수 밖에 없어."

보통 일본 사람의 입에서는 나올 말이 아니라고 생각했다. 토모꼬는 한일 관계에 관심이 많아서 근대사에 대해서는 나보다 한국에 대해 더 많은 지식을 가지고 있었다.

토모꼬가 한국을 방문했을 때, 나츠노와 함께 경복궁에 가서 명성황후가 시해된 장소에도 함께 갔었다. 그곳에서도 토모꼬는 일본에 대해 이렇게 말했다.

"나는 일본의 보수 정치인들이 하는 말에 정말 심각성을 느껴. 이런 사람들은 대부분 자민당에 소속되어 있고 1955년 이후 여당으로 군림해 오고 있으면서 한 번도 정권 교체가 되지 않았어. 더 심각한 사실은 이런 보수 정치인들은 자신들의 의견에 대해 엄청나게 떠들어 대는 반면 반대편에 있는 사람들의 목소리가 너무 약하다는 것이지. 이것이 일본 정치의 가장 큰 문제라고 생각해."

토모꼬는 이렇게 자기의 의견을 명확하게 제시하면서도 자신과 다른 의견을 가진 사람들의 말을 경청해 주고 받아들이는 것도 관대했다.

보통의 일본 사람들이 역사적 문제에 대해 무감각한 것은 근현대 역사를 제대로 배우지 않았기 때문이라는 것을 알게 되었다. 우리가 비판하는 일본의 뻔뻔함은 바로 극우파의 모습이다. 물론 그들도 인정하듯이 극우파가 현재 일본의 권력을 잡고 있고, 그로인해 요즘의 한일 관계도 악화일로를 걷고 있는 것 같다.

옥스퍼드에 가기 전에 내가 교과서에서 배우고, 수학여행 때 갔던 독립 기념관에서 만난 일본인의 모습은 우리나라를 무자비하게 짓밟고 지금까지도 발뺌하는 무서운 괴물이었다. 하지만 옥스퍼드에서 만난 일본 친구들, 특히 토모꼬와 대화를 나누면서 내가 멀찍이서 일본을 바라보았을 때 가졌던 편견이 서서히 허물어졌다. 그들은 내가 교과서를 통해 혹은 언론을 통해 배웠던 일본의 모습과는 참으로 달랐다.

국가 간 관계에서는 전쟁의 역사로 아픔과 오해가 많이 남아 있고 해결해야 할 과제도 많지만 내가 만난 일본 사람들은 우리나라 사람들과 비슷한 면이 많고 문화적으로도 다른 국가 사람들보다 통하는 것이 많다.

또한 내가 교육학자로서 옥스퍼드에서 비교교육학 박사과정을 공부하면서 느낀 점은 우리나라 교육제도가 일본의 것과 너무나 유사하다는 것이었다. 비단 제도적인 측면뿐만 아니라 문화적인 측면에서도 너무나 비슷하지만, 식민지 경험과 역사적 상처 때문에 우리가 이런 객관적인 유사점을 일부러 부인하며 쉬쉬하고 있는 것은 아닌가 하는 생각이 든다. 많은 사회 문화적 좌표에서 일본의 전철을 밟고 있는 상황에서 사회경제적인 상황과 밀접하게 연관이 된 교육 분야에서도 일본이 미리 경험한 것을 반면교사로 삼을 필요가 있다.

일본의 교육제도를 공부하면서 충격을 받은 연구는 동경대-옥스퍼드대 교육사회학 교수인 타케히고 카리야 교수가 일본의 교

육과정 자율화 개혁이 사회경제적 지표에 미치는 영향에 대해 연구한 논문이다.[18]

　일본은 1980년대부터 신자유주의의 영향으로 '유토리 교육(ゆとり 教育)'이란 모토 아래 교육과정을 자율화하는 개혁을 했다. 유토리(ゆとり)란 공간이나 시간·정신·체력적인 여유를 뜻하는 일본 단어로 학생들에게 시험과 학습에만 연연하지 않고 성장할 수 있는 여유를 주겠다는 목표로 시도되는 교육이다. 이렇게 '새로운 학력에 대한 개념(新しい 学力)' 아래 기존의 시험 중심 교육 평가를 학생들의 개인적 동기와 관심 그리고 다양한 문제 해결 능력을 포괄하는 다면적이고 복합적인 평가 방법으로 바꾸고자 했다. 또한 교사 중심 학습에서 학생 중심 학습으로 교육 방법을 바꾸고, 학생의 자율권 및 선택권을 높여 주고자 자율 학습 시간을 늘리고 체험 학습이라든지 조사 학습과 같은 교육 모델이 도입되는 등 광범위한 정책적 개혁이 실시되었다.

　하지만 이렇게 좋은 의도로 만들어지고 집행된 교육개혁이 과연 소기의 목적을 거두었는지에 대해 타케히고 카리야 교수는 의문을 제기한다. 같은 활동이라도 과연 학생들이 이를 통해 얻을

18　Takehiko Kariya, 『Education Reform and Social Class in Japan : The emerging incentive divide』(2013), Oxford : Routledge.

수 있는 학습적 효과는 천차만별이며, 무엇보다 이로 인해 오히려 학생의 사회경제적 요소에 따른 교육 기회의 불평등이 심화되었다는 것이다.[19] 즉 야심 차게 도입된 새로운 개념의 학력은 오히려 사회경제적 요소에 따라 받는 영향이 심화되는 결과를 초래했다고 주장한다.

요새 우리나라는 외고·자사고 문제로 인해 평준화 정책이 사회적 논란이 되고 있다. 하지만 우리나라가 1974년에 고등학교 평준화를 도입하면서 모델로 삼은 일본의 학구제(學區制)와 학교군제(學校群制)는 자율화 정책의 기조에 따라 많은 지역에서 폐지되고 있는 실정이다. 왜냐하면 일본에서 "추첨에 의한 선발 방식 정책이 이루어지는 동안, 대부분의 공립학교의 학력 저하가 나타나 사회 문제"가 되었기 때문이다.[20] 또한 동경도에서 평준화 정책을 폐지한 이후 "공립학교 학력을 증진시키기 위하여 '진학 지도 중점 학교'를 선정하여 학력 제고에 경주한 사실"은 우리나라의 평준화 정책에 시사하는 바가 크다.[21]

이렇게 일본의 교육개혁에 대해 더 공부하면 공부할수록 지금

---

19   옆의 책.

20   김미숙 외, 『주요국의 교육 정책 비교 연구』(2016), 한국교육개발원, 58쪽.

21   위의 책, 59-60쪽.

우리나라의 실정을 바라보고 평가하는 데 많은 도움이 되는 것을 느낀다. 물론 일본이 역사적 과오를 인정하지 않고 우리나라나 식민지를 경험한 다른 아시아 국가들에게 상처를 주는 행동은 비판받아야 마땅하겠지만, 비슷한 문화적 사회적 조건을 가진 우리나라가 일본의 경험을 타산지석 삼아서 경제 및 교육 제도 및 정책에서 개선할 수 있는 기회를 놓쳐서는 안 된다고 생각한다. 밉지만 그렇기 때문에 더 알고 공부해야 할 나라가 일본과 일본인이 아닌가 하는 생각이 든다.

언어의 쓸모

제6장

로봇 시대의
읽기와 쓰기

공부의
기초

영국은 객관식 시험이 아예 없다. 심지어 수학과 과학 과목도 모두 주관식으로 시험을 본다. 시험은 단순히 정답을 맞히는 데 초점이 있는 것이 아니고, 아이들이 답을 도출해 내는 과정을 논리적으로 '설명'하는 데 방점이 있다고 하겠다. 문과 과목은 그것을 글로 설명하는 것이고 이과 과목은 그것을 수식까지 동원해 설명하는 것이다.

이러한 주관식 교육은 학교에서 뿐만 아니라 가정에서도 이루어진다. 왜 영국에서는 차 문화가 발달했을까? 그건 바로 영국 사람들을 티를 마시면서 대화하는 것을 너무 좋아하기 때문이다. "Would you like to have some tea?"라는 표현은 단순히 차를 마시자는 제안이 아니다. 차를 마시면서 당신과 이야기를 나누고 싶다는 의미이다. 당신에 대해 알고 싶고, 당신의 생각과 세계관에 관심이 있다는 표현인 것이다. 그래서 차를 마시는 것을 넘어서서 이런 대화는 때로 온종일 함께하는 시간이 되기도 한다.

옥스퍼드 시내의 카페에서는 아이들이 자주 눈에 띈다. 나는 백색 소음에서 집중이 잘 되기 때문에 박사 논문 대부분을 옥스퍼드 북부에 위치한 Maison Blanc(하얀 집이라는 뜻의 프랑스어로 프랑스식 빵을 함께 팔던 카페)라고 불리는 카페에서 썼다. 방과 후인 오후 3~4시에 카페에 가면 부모와 함께 혹은 조부모와 함께 와서 핫초콜릿과 빵을 먹는 아이들을 종종 마주치곤 했다. 사립학교의 교복을 멋지게 차려 입은 아이들이 은발 가득한 할아버지, 할머니와 차를 마시면서 대화를 하는 모습에서 영국 교육의 '진수'를 발견했다.

아이들은 학교에서 일어났던 일이나 자신이 학교에서 배웠던 내용에 대해 자신의 생각을 조잘조잘 이야기하면, 조부모는 그런 아이를 인자함을 잔뜩 머금은 표정으로 바라보면서 한마디라도 놓치지 않으려고 계속 관심을 보이며 질문을 하곤 했다. 또한 인생의 경륜과 지혜를 한껏 담아 아이의 이야기에 대해 조심스럽게 할아버지 할머니의 생각을 함께 나누었다. 그 모습은 한국 사회에서 어른이 말할 때 내세우는 권위주의와는 다른 권위를 가진 진정한 '어른'의 모습이었다.

방과 후 카페에서의 시간이야 말로 학교에서의 교육만큼 중요한 삶의 지혜가 있는 '산교육'의 장이었다. 실제로 영국에서는 소득 수준이 높을수록 조부모가 손주들이랑 시간을 많이 보낸다는 통계자료가 있다. 이 자료를 보면서 나는 영국의 카페에서 만났던 수많은 가족들을 떠올렸다.

이러한 문화적 바탕 때문인지는 몰라도 영국은 과학자들 중에도 인문학적 소양을 가진 사람들이 많다. 자신의 분야에서 훌륭한 연구와 업적을 이루는 데 그치지 않고 이를 다른 학자들은 물론 대중에게 전달하고 설명하는 데에도 탁월한 사람들이 많다는 의미이다. 이러한 교육적인 분위기 속에서 자라난 이들은 정치권과 언론계에 진출하여 상호 간에 비방과 공방보다는 존경과 선의를 바탕으로 한 촌철살인이 오가는 토론 문화를 가능하게 한다.

또한 영국에서 읽곤 했던 「파이낸셜 타임즈(Financial Times)」에 기고된 칼럼들을 보면 명료하면서 세련되고 품위를 갖춘 논평이 있는 기사의 수준에 놀라곤 했다. 재정 문제에 대한 주제를 다루는 기사에도 피상적으로 현재의 문제를 접근하는 것이 아니라 역사와 철학적 지식을 바탕으로 깊이 있게 현상을 분석하는 것을 볼 때면 한 편의 잘 쓴 논문을 읽는 듯했다. 이와 같은 문화적 저력은 어렸을 적부터 보고 듣고 훈련된 문해 능력(literacy)과 교양 교육이 아니면 불가능하다고 할 수 있다.

일본에서 행해진 인공지능 프로젝트인 '로봇은 도쿄 대학에 들어갈 수 있는가?'를 통해 인공지능과 지식 세계의 미래에 대해 분석한 아라이 노리코 교수는 문해 능력은 인공지능이 인간을 따라잡을 수 없는 핵심 역량이라고 역설했다.[22] 인공지능 로봇이 통계적이고 확률적인 연산 기능의 측면에서는 인간보다 훨씬 앞서 있다고도 할 수 있지만, 어떤 문장을 읽고 그 안에 숨겨진 뜻을 이해하거나 인간처럼 행간의 의미를 찾아낼 능력은 갖출 수는 없다! 이런 의미에서 문해 능력이야 말로 인간이 지닌 가장 고차원적인 역량 중 하나일 수밖에 없기 때문에, 현재를 사는 우리는 물론이고 미래 사회를 살아가는 우리 아이들에게도 반드시 필요한 역량이라고 할 수 있다.

이런 배경에서 영국 교육에서 강조하는 Common Sense라는 표현의 의미도 이해될 수 있다. 이는 단순히 '상식'이라고 하는 번역으로 대체될 수 없는, 맥락을 읽는 능력과 감추어진 행간을 찾아내는 능력으로 대변되는 역량인 것이다. 그래서 영국에서도 교육 수준이 높은 고상한 젠틀맨을 가리키는 표현으로 "He is a man of common sense!"라고 말하곤 한다.

독해력을 기반으로 하는 소통 능력 및 이해력이야 말로 학령기 아이들에게 해야 하는 교육의 기초이자 핵심이다. 요즘 한국에서 '학습자 중심의 교육'이라 해서 여러 가지 거창한 이름으로 검증

---

22   아라이 노리코, 김정환 역, 『대학에 가는 AI VS 교과서를 못 읽는 아이들』(2018), 해냄.

도 되지 않은 학습 모델을 학교뿐 아니라 학교 밖에도 도입하고 실행하려는 움직임이 있다. 하지만 진정한 교육은 유행이 아니다. 아니 유행이 될 수 없다. 아이들에게 필요한 것은 유행이 아니라 아이들에게 가장 필요한 역량을 키워 주는 것이다. 다시 기본으로 돌아가야 한다. 인공지능이 판을 치는 4차 산업혁명의 시대에서도 인간에게 요구되는 가장 핵심 능력은 결국 문해 능력이다.

하루에
단어 100개

앞서 언급한 발달심리학자 비고츠키와 하버드 대학의 교육 심리학자인 하워드 가드너 모두 학령기 아이들의 인지 발달에 있어서 강조하는 바가 바로 '문해 능력(literacy)'과 '숙달 훈련(discipline)'이다. 내가 영국 교육에서 발견한 두 가지 중요한 키워드와 정확히 일치한다. 다시 한 번 강조하지만, Literacy 그리고 Discipline! 문해 능력은 쉽게 이해될 수 있지만 학교 교육에서 훈련이란 단어는 현대 사회를 사는 우리와 우리 아이들에겐 많이 생소하다. 교육학에서 훈련(discipline)의 의미는 그 과목 혹은 기술에 숙달하기 위한 적절한 방법에 대한 논의가 한 축이며, 이러한 방법론에 익숙해지고 수월해지기 위한 지속적인 노력과 학습이 다른 축이라고 할 수 있다. 즉 문제를 해결하기 위한 적절한 방법을 찾고 지속적으로 반복하여 숙달하는 것이 바로 훈련의 핵심이라고 할 수 있다.

민족사관고등학교 1학년 9월 무렵, 민사고의 설립자이신 최명

재 이사장님의 꿈인 "세계적인 인재"를 키우기 위한 목적으로 유학반이 새로 만들어졌다. 한국 고등학교에서 직접 세계 유명 대학으로 진학할 수 있도록 하자는 것으로, 그 당시에는 아주 혁신적인 아이디어였다. 우선 2학년 세 명, 1학년 세 명, 이렇게 여섯 명이 지원을 해서 뽑혔다. 나도 유학반에 들어갔다. 어렸을 때부터 유학을 가는 것이 꿈이었기 때문에 앞뒤 사정은 따지지 않고 바로 신청했다.

하지만 현실은 이상과 다른 법. 처음 시도하는 유학반이기 때문에 학교도 정보가 부족하고 정리도 덜 되어서 커리큘럼도 제대로 잡혀 있지 않았고, 나 또한 꿈꾸던 일이지만 구체적인 내용에 대해서는 무지했다. 우리가 알았던 유일한 사실은 TOEFL과 SAT라는 시험을 봐야지만 미국 대학교에 입학 지원이 가능하다는 것이었다. 학교에서 있던 외국 선생님들과 영어 선생님들이 모두 나서서 필요한 과목을 가르쳤다. 며칠 후 학교에서는 유학반을 확대하기 위해 희망하는 학생을 더 선발했다. 그렇게 첫 유학반은 11명으로 꾸려졌다.

유학 반 결성 후 한 달쯤 지나서 학생들의 기본 실력을 점검하기 위해 미국 대학 입학시험인 SAT I 시험을 보았다. 선생님은 SAT I 시험은 영어와 수학 과목으로 영어는 우리나라 수능의 언어 영역을 영어로 푼다고 생각하면 되고, 수학은 우리나라 고1학년 수준이면 무난히 풀 수 있는 난이도라 하셨다. 고등학교 입학 시험에서 꽤 좋은 영어 성적으로 들어왔기 때문에 나도 모르게 자만했던 것 같다. 시험 당일 날, 영어 섹션을 푸는데 정말 무슨 말인지 하나도 모르겠다. 영어 시험에서 너무 당황한 나머지 수학을 풀 때도 얼어 버렸다.

'아, 정말 장난 아니다. 엄마, 어떡해…'

정말 시험 보는 내내 이 생각만 한 것 같다. 시험을 다 보고 나서 정말 기운이 빠졌다. 다음 날, 담당 선생님께서 유학 반 학생들을 다 모아 놓고 시험 점수를 발표하셨다. 그것도 학생들이 다 있는 자리에서!

"김선, 영어 290점 수학 580점"

각 과목이 800점 만점이었으니 그리 좋은 점수가 아니었다. 물론 다른 학생들의 점수에 비해서도 높지 않은 점수였다. 초등학교, 중학교에서 나름대로 공부를 잘해서 민족사관고등학교까지 왔다고 생각했는데 꼴찌에서 두 번째라니! SAT I뿐만 아니었다. TOEFL 성적도 정말 말이 아니었다. 나를 더 괴롭게 했던 것은 과연 내가 앞으로 영어 공부를 많이 하면 이 시험 성적을 극복할 수 있을까 하는 두려움이었다.

'내가 과연 할 수 있을까? 괜히 욕심 부리는 건 아닐까? 그냥 다른 친구들처럼 열심히 공부해서 국내에 있는 대학에 갈까?'

두려움과 회의 등 복합적인 감정으로 마음이 복잡했다. 하지만 아무리 생각해 봐도 내 마음에 있는 소망을 놓칠 수가 없었다. 더 넓은 세상으로 나아가고 싶었고, 도전해 보고 싶었다. 감사하게도 부모님도 격려를 해 주셨다.

"선이야, 엄마, 아빠가 될 수 있는 대로 후원해 줄 테니까 끝까지 해 보렴. 끝까지 해 보고 안 되면 할 수 없는 거지만 중도에 포기하면 처음부터 안 하는 것만 못 하잖아."

그렇게 부모님의 말씀에 힘을 입어 유학반을 나가지 않기로 결심했다. 그리고 그때부터 3학년 5월 달까지 나의 처절한 SAT I 공부는 시작되었다. 중도에 포기하고 싶은 적도 많았지만 힘들다고 어렵다고 감정적으로 대응하는 대신 내가 주어진 상황에서 이 어려움을 극복하기 위해 무엇을 할 수 있을까 논리적으로 찾아보려고 노력을 했다.

그렇게 찾은 첫 번째 방법이 바로 단어 암기였다. 아무리 우리 학교에서 영어 상용화를 실시한다고는 했지만 나는 한국에 살고 있으니 미국에 살고 미국 학교에서 교육을 받고 있는 아이들처럼 SAT를 접근할 수는 없었다. 내가 영어 단어를 외우면서 택한 방법은 '한 번에 외우려는 욕심을 버리고 무조건 많이 보자'였다.

하루에 100단어씩 외우기로 했다. 대충 외웠다고 생각하면 지나갔다. 그리고 그날 외웠던 단어들의 뜻을 손으로 가리고 내가 얼마만큼 암기했는지 테스트를 해 보았다. 손으로만 가리고 했기 때문에 한 번 테스트 하는 데 10분도 채 안 걸렸다. 모르는 단어들은 옆에 점을 찍었다. 테스트가 끝나고 나면 못 외웠던 단어들의 뜻을 다시 읽고 외웠다. 그리고 또 테스트를 했다. 그때도 못 외운 것들은 다시 점으로 표시를 했다. 그렇게 모든 단어를 다 외울 때까지 테스트를 반복했다. 나중에 보면 어떤 단어에는 점이 가득했다. 그런 단어들이 '요주의' 단어들이었다.

이렇게 계속 보다 보니 1년 안에는 시중에 나와 있는 교재의 모든 SAT I 단어들을 외우게 되었다. 가끔씩 SAT I 독해 지문에서 문장구조로 인해 지문을 해석하지 못할 때도 있었지만 단어 때문에 문제 자체나 보기들을 이해하지 못하는 경우는 거의 없어졌다.

또한 시험을 준비하기 위해 모의고사 문제를 엄청나게 풀었다. 나는 시험을 보기 최소 2개월 전부터 계획을 세우는데, SAT I은 시험이 하도 어려워서 1년 전부터 계획을 세웠다. 쉬운 모의고사 문제들을 중심으로 먼저 풀어 보기 시작했고, 4개월 정도 후에는 그 모의고사 문제들을 모두 다 풀어 보았다. 그리고 또 풀었다. 그래서 기출 문제만 모아 놓은 칼리지 보드(College Board) 문제들 같은 경우 3번, 어떤 기출 문제들은 4번까지 풀어 보았다.

이 과정에서 내가 가장 중요하게 여겼던 또 다른 방법은 '틀린 문제 복습'이었다. 왜 틀렸는지 그리고 어떻게 향상시킬 수 있을지를 끊임없이 내 자신에게 그리고 선생님께 질문을 하면서 그 과정을 견뎠다. 영어 선생님과의 대화가 특별히 도움이 되었는데 아직까지 까먹지 않고 기억하고 있는 말이 있다.

"It is okay to make a mistake but it's foolish to make that same mistake again(실수를 하는 것은 괜찮지만, 똑같은 실수를 다시 하는 것은 바보 같은 짓이다)."

들으면서 고개를 끄덕였다. 얘기를 듣고 보니 내가 틀린 문제들이 오히려 맞은 문제들보다 더 소중하게 느껴졌다. 틀린 문제들이야 말로 나의 사고의 약점을 지적해 주는 것들이고 그것을 더 쳐다보고 연구하면 그 약점을 고칠 수 있으니깐 말이다. 그리고 그렇게 복습의 과정을 거치면서 똑같은 문제를 다시 틀리는 실수를 범하지 않게 되었고, 결과적으로 내 실력은 향상되어 갔다.

시험 당일 아침, 엄마가 새벽에 일어나서 전복죽을 끓여 주셨다. 시험이 있었던 서울 외국인 학교에 도착해서 차에서 죽을 한 그릇 먹고 시험장 안으로 들어갔다. 처음에는 너무 떨렸지만 막상 시험을 시작하니 마음에 평안이 왔다. 다행히 시험을 무사히 마치고 나왔다. 2주 후쯤 결과가 나왔다. 그런데 결과를 듣고 까무러치는 줄 알았다.

'Your SAT score is... verbal, 740(당신의 SAT 점수는… 영어, 740점).'

"꺅… 말도 안 돼. 내 영어 점수가 740점이래."

그리고 수학 점수는 800점 만점이 나왔다. 정말 말도 안 됐다. 처음 290점이었던 것을 생각할 때 놀라운 변화라고 할 수 있다. 그리고 모의고사 때보다 무려 100점이 오른 740점이었다. 우리 학교에서 유학반 창설 이래 SAT 영어 최고 점수였다. 간혹 30점에서 50점 정도 오를 수가 있지만 100점이 오르는 것, 그것도 600점대에서 700점대로 오른다는 것은 정말 드문 경우라고 했다.

나중에 내 시험 점수가 왜 이렇게 잘 나왔을까 곰곰이 생각해 보았다. 책을 읽으면서 차근차근 얻은 독해 능력으로 시험을 풀 수 있는 미국 아이들과는 달리 나에게 닥친 문제를 해결하려고 여러 가지 방법을 써 보았던 것이 주효했던 것 같다. 지금 생각해 보면 엄청나게 무식하게 공부했다. 하루에 영어 단어를 100개씩 외웠으니 말이다. 나는 천재가 아니기 때문에, 단어를 한 번만 보고 외울 수 없었다. 그래서 모든 단어가 외워질 때까지 3, 4번 아니 5번까지 보고 또 보고 했다. 이러한 방법을 지치지 않고 결과를 얻을 수 있을 때까지 반복했던 과정이 있었기에 기적 같은 성적을 얻은 것 같다.

너무나 지루하고 힘들었을 수도 있을 이 과정을 버티게 해 준 것은 무엇보다도 가족, 선생님과의 끊임없는 대화였다. 그리고 사랑하고 신뢰하는 사람들과의 지속적인 소통이야 말로 용광로 같은 훈련의 과정을 견딜 수 있게 해 주는 버팀목이라는 사실도 이때 같이 깨달았다.

민족사관고등학교에서의 혹독한 훈련 덕분이었을까? 오히려 영국 옥스퍼드 대학에 유학을 와서는 문화적인 차이라든지 새롭게 하게 된 공부가 도전이기는 했지만 포기할 생각은 한 번도 들지 않았다. 결국 끈기를 갖고 그 과목에 맞는 방법론을 익히면 나중에는 원하는 결과를 얻게 된다는 교훈을 몸소 체험했기 때문일 것이다.

교육학자가 된 지금의 내가 그 시절을 교육학적으로 분석해 보면, 나는 그 시절 내 생각을 스스로 모니터링하면서 자아성찰을 하는 '메타 인지 사고(metacognition)'를 하고 있었다(물론 그 시절 나는 metacognition이라는 영어 단어조차 몰랐지만 말이다!). 메타 인지능력은 자신의 인지 활동에 대해 인식하고 조절하는 능력으로 자신의 사고 과정을 바라보는 또 하나의 눈이라고 할 수 있다.

내가 무엇을 알고 무엇을 모르는지, 모르는 부분을 보완하기 위해 어떠한 계획을 세워야 하는지 생각하고, 그 계획을 실행하고 평가하기 위해 다시 새로운 계획을 세우는 일련의 과정에 대한 자아 성찰(self-reflection)이다. 메타 인지적인 시각에서 보았을 때 결국 반복되는 훈련(discipline)은 학생으로 하여금 주어진 과제 혹은 문제를 해결하기 위해 타인뿐 아니라 자신과 진심을 다해

소통하는 것임을 이제는 교육학자의 눈으로 볼 수 있게 되어서
다행이다.

읽기는
작가와의 대화

옥스퍼드에 가서 처음 배운 과목 중 하나가 '종교 철학(Philosophy of Religion)'이었다. 신학을 좀 더 학문적으로 접하고 싶어 선택했던 과목이었다. 지도 교수님이 첫 수업에서 나에게 던지신 질문이 인상적이었다.

"Sun, do you know what Oxford education is all about?(선아, 너는 옥스퍼드 교육이 뭐라고 생각하니?)"

내가 대답을 하지 못하고 우물쭈물하고 있으니 선생님께서 웃으면서 대답을 하셨다.

"It is about how to read.(어떻게 읽을 것인가에 대한 교육이야.)"

나는 교수님의 대답이 너무 황당해서 피식 웃었던 기억이 난다. 그때는 그 대답이 얼마나 심오한 것인지 이해할 해안이 없었다. 하지만 옥스퍼드에서 학사, 석사, 박사과정을 밟으면서 교수님의 대답이야 말로 정말 정답이라는 생각이 계속 들었다.

사실 읽기라는 것은 단순한 작업이 아니다. 논문과 책을 쓰는 작가이자 연구자가 되고 보니 하나의 글이 탄생하기 위해서는 정말 많은 생각과 고민이 응축되는 작업이 필요하다는 것을 새삼스럽게 느낀다. 따라서 글을 읽을 때에도 단순히 그 말이 표면적으로 나타내는 부분만 이해하는 것이 다가 아니다. 영어로는 'read between the lines'라는 표현을 쓰는데 정말로 쓰인 문장과 문장 사이에 들어가 있는 '쓰이지 않은' 부분을 읽어 낼 수 있는 안목이 필요하다.

이러한 안목은 피상적인 읽기로는 생기지 않는다. 인상적인 부분을 반복해가며 읽으면서 보이지 않는 의미가 떠오를 때까지 곱씹어 보는 것, 때로는 작가의 인생 및 생각에 대해 알아볼 수 있는 다른 자료를 찾아보는 것, 궁금한 단어 혹은 개념에 대해 설명해 주는 자료를 참고해 보는 것 그리고 비슷한 주제에 대해 쓴 다른 글들을 살펴보면서 이 글이 가진 독특성 혹은 특이점을 생각해 보는 것, 이러한 읽기의 다양한 방법에 대해서 배운 것이 바로 옥스퍼드 교육이었다.

한 단어, 한 문구, 한 문장 나아가 한 글에 대해서 다면적으로 생각해 보는 과정은 흡사 대화 과정과 비슷하다. 작가와 대화를 하고 있다고 가정을 해 보자. 우리는 대화를 할 때 상대방의 말을 그냥 듣고 끝나지 않는다. 그가 말한 포인트에 대해 (그게 단어이든지 내용이든지 문장이든지 간에) 우리의 의견을 덧붙이고 질문을 던지

언어의 쓸모

면서 대화가 지속된다. 그러면서 상대방에 대해 알게 되고 또한 더 좋은 대화를 나눌 수 있다면 이는 또한 '나 자신'에 대해 알아 가는 길도 열어 주게 된다.

읽기는 바로 글의 작가와 대화를 나누는 것이다. 그래서 나는 종종 농담조로 독서광인 우리 남편에게 이렇게 이야기를 한다.

"C.S. 루이스(C.S. Lewis)[23]한테 그 부분에 대해서 어떻게 생각하는지 좀 물어보고 올게."

"흠, 그 부분은 칸트 아저씨가 동의하지 않을 가능성이 높아."

"오늘은 왠지 기분이 말랑말랑한 게 감성적인 게 좀 필요하니 알랭 드 보통한테 한번 가 봐야겠어."

가까운 사람과 읽기 리스트를 공유하는 게 좋은 점이 바로 여기에 있다. 우리는 공유할 수 있는 여러 명의 친구를 가지고 있는 것이나 다름이 없기 때문이다. 게다가 책은 작가의 가장 깊은 생각과 감정을 드러내 주고 표현해 주는 경우가 많아 '다면적이고 대화적인 읽기'는 일상에서는 발견하기 어려운 깊고 어려운 주제에 대해 상대방과 이야기할 수 있는 뜻밖의 기회를 주기도 한다.

---

23 C.S. 루이스는 『나니아 연대기』를 쓴 영국의 유명한 작가이자, 기독교 변증가이다. 남편과 내가 가장 좋아하는 영국 작가로, 우리는 C.S. Lewis가 쓴 다양한 글을 읽고 함께 토론하는 것을 좋아한다.

문해 능력을 기르기 위한 전통적인 교육 방식인 읽기 쓰기는 여전히 중요하며 미래 사회에도 그 중요성은 줄어들지 않을 것이다. 하지만 나는 기계적인 목적을 가진 (이 의미에는 시험을 보기 위한 목적도 포함된다) 읽기 쓰기보다 '대화로서의' 읽기 쓰기를 강조하고 싶다. 우리 모두는 태어나길 소통하는 것을 좋아하는 사람으로 만들어졌다고 믿는다. 왜냐하면 사회화가 덜 된 어린아이들은 모두 하나같이 수다쟁이이기 때문이다. 정도의 차이가 있을지언정 우리는 모두 자신의 생각과 의견을 표현하고 엄마에게 친구에게 반응을 얻길 바란다.

독서는 시간과 장소를 뛰어넘어 이질적인 사람과 소통하고 대화할 수 있는 가장 효과적인 방법이다. 이 사실을 깨달을 수 있다면 아이들에게 읽기는 자연스럽고 재미있는 활동이 될 수 있을 것이다. 그뿐만 아니라 영문법과 영단어 암기는 딱딱하고 무거운 공부가 아니라 읽기라는 퍼즐을 맞추는 조각이라고 가볍게 접근할 수 있을 것이다.

"아이의 마음은 어른이 무엇인가를 채워 넣는 그릇이 아니다. 대신 어른들은 동기부여를 통해서 아이들의 마음속 능력과 열정에 불을 지펴 줘야 한다."[24]

이것은 교육의 본질에 대해 영국의 유명한 교육가인 헨리 타운센드 힐(Henry Townsend Hill)이 한 말이다. 대화라는 것은 본질적으로 말하는 사람과 듣는 사람 두 명의 사람을 필요로 한다. 따라서 아무리 책을 많이 읽고, 단어를 많이 외워도 아이들은 부모 혹은 선생님으로부터 충분한 피드백과 인정을 받지 못한다면 아이들의 마음에 생긴 학습이나 독서에 대한 관심과 열정은 금방 사그라지고 말 것이다.

부모가 짬을 내서 아이가 읽고 있는 책이나 혹은 보고 있는 영상에 간단한 질문이나 대화를 통해 관심을 보여 주자. 옥스퍼드 대학의 교수이자 언어학자인 조지은 교수가 이야기한 것처럼 "서로 주거니 받거니 말하고, 표현하는 법을 배우는 것은 비단 단어 습득과 언어 습득의 차원이 아니라, 아이들이 전인격적인 발달과 성장에도 가장 중요한 역할"을 할 것이다.[25]

---

24 조지은, 송지은, 『언어의 아이들: 아이들은 도대체 어떻게 언어를 배울까?』(2019), 사이언스북스, 24쪽 재인용.

25 위의 책 26쪽.

성문종합영어와
칸트의 순수이성비판

    옥스퍼드의 많은 과목이 철학 과목과 결합되어 있다. 내가 학부 때 전공했던 PPE(정치, 철학, 경제: Politics, Philosophy and Economics)도 정치와 경제를 공부함에 있어 철학 과목을 결합시킨 것이었고, 옥스퍼드에서 가장 똑똑한 학생들이 공부한다는 수학&철학(Math and Philosophy)도 수학과 철학이 결합되어 있는 전공이다. 이뿐만 아니라 물리학을 배울 때도 철학을 함께 배우고, 생리학 및 심리학과 철학이 결합되어 있는 과목도 있다. 옥스퍼드 교육은 고전 읽기와 철학 교육을 중심으로 한다 해도 과언이 아니다.

    한국에서는 철학서를 한국어로도 읽어 보지 못했던 내가 옥스퍼드에 가서 경험한 철학서 읽기는 상상을 뛰어넘는 것이었다. 윤리학 시간에 읽어야 했던 칸트의 『순수이성비판』은 독일어를 영어로 번역한 것이어서 그런지 문장 하나가 한 페이지가 넘는 경우도 있었다. 영국 학생들도 헉헉거리면서 읽었다. 그때 빛을 발한 것이 한국에서 했던 영문법 공부였다.

영어에 관심이 많았던 나는 초등학교 때 전화 영어를 시작으로 다양한 영어 교육을 경험했다. 그중에서도 가장 기억에 남아 있는 수업은 공교롭게도 영문법 과외 수업이었다. 교재는 그 시절 누구나 한 번쯤 공부하지만, 대부분 지겨워 했던 『성문종합영어』였다. 다행히 선생님께서 탁월했던 분이셔서 문장 안에서 그 문법이 어떠한 기능을 하는지, 문장을 이해하는 데 그 문법이 왜 필요한지 마치 수학 공식의 개념을 설명하듯 가르쳐 주셨다. 그렇게 배운 『성문종합영어』를 통해 한국에서 배웠던 영문법이 칸트의 『순수이성비판』에 나온 문장을 분석하고 이해하는 데 도움이 될 줄이야!

한국에선 어렵고 딱딱하게 가르치는 교수법의 영향 때문인지는 몰라도 영문법을 아주 고루한 것으로 여겨 많은 학생들이 배우기를 싫어한다. 하지만 쉽게 생각하면 영문법은 하나의 법칙이다. "간단한 생각들과 이를 나타내는 단어들을 서로 잇고 구조화해 상황에 맞게 풀어내거나 복잡한 생각을 언어로 표현할 수 있도록 하는 법칙"이자, "단어와 단어를 일관성 있고 체계적으로 구조화함과 동시에, 그렇게 구성한 내용을 문맥과 상황에 맞게 엮어 나가는 능력"이라고 정의할 수 있다.[27]

이는 언어학자 촘스키가 모든 아이들은 다양한 언어에 내재된 공통적이고도 보편적인 문법(UG, Universal Grammar)에 대한 이해

를 가지고 태어난다고 주장한 것과도 일맥상통한다.[26]

　이러한 의미에서 내가 공부했던 영문법은 훗날 영국 옥스퍼드에 와서 무한한 수의 문장을 이해하고 만들어 낼 수 있는 기초가 되었다. 왜냐하면 나는 마치 수학의 인수분해처럼 칸트의 복잡하고 난해한 문장을 분해하면서 이해할 수 있었고, 이해된 개념을 합하여 그 문장, 거기에서 나아가 그 챕터에 대한 이해로 바꿀 수 있었기 때문이다.

　해외 대학 입시를 위해 고등학교 때 무작정 하루에 100개씩 외웠던 SAT 단어도 이 과정에서 도움이 되었다. 문제에 나오든 보기에 나오든 독해 지문에 나오든 모르는 단어는 다 동그라미를 쳐 놓고 표시를 했다. 그러고 나서 틀린 문제를 체크하고, 다시 한번 지문 읽으면서 노란 포스트잇에다가 모르는 단어를 다 옮겨 적었다. 포스트잇에 적은 이유는 간단했다. 항상 들고 다닐 수 있기 때문이다. 책 사이에 살짝 껴 놓고 수업 시간에 지겹거나 심심할 때 힐끔힐끔 보고, 손에 들고 다니다가 자투리 시간이 날 때마다 눈에 익히면서 단어를 끊임없이 외웠다.

　고등학교 시절에 시험을 위해서 꾸역꾸역 욱여넣듯이 외웠던

26　조지은, 송지은, 『언어의 아이들: 아이들은 도대체 어떻게 언어를 배울까?』(2019), 사이언스북스, 29쪽, 44쪽.

난해한 단어들이 옥스퍼드에서 읽어야 했던 철학서에 넘쳐났던 것이다. 한국에서 머리를 쥐어뜯으며 단어를 외우고 영문법을 공부했던 기억이 주마등처럼 지나가면서 불현듯 생각났던 것이 있다.

'만약 단어 암기와 영문법이 시험이 아니라 내가 후에 칸트 아저씨의 황금률을 이해하기 위해 필요한 것이라고 누군가가 설명해 주었더라면 얼마나 좋았을까? 영문법과 단어가 그 자체로 중요한 것이 아니라 훌륭한 텍스트를 이해하고 나아가 그 작가와 대화를 나누기 위한 것이라고 누군가가 알려 주었다면 훨씬 더 열심히 공부했을 텐데….'

솔직히 말해서 외국에서 활동하지 않는 이상 한국에서 쓰는 영어는 '독해'가 가장 많은 부분을 차지할 것이다. 아마 문서를 읽고 번역하고 이해하고, 또 이메일을 보내는 정도로 영어를 사용하지 않을까? 한국에서 한정된 시간과 노력으로 영어 공부에서 최고의 효율을 올리자면 무엇보다 교육은 이 '독해'와 '쓰기' 부분에 시간을 많이 투자하는 것도 괜찮은 방법이란 생각이 든다.

내 경우에는 중학교 때 영어 문법 과외를 하면서 영문법의 기초를 잡은 것이 나중에 어려운 독해를 하는 데 도움이 많이 되었다. 그뿐만 아니라 영작문도 긴 글을 쓰기까지 많은 시간이 걸렸지만 문법적으로 크게 빗나가지 않게 쓸 수 있었던 것 같다.

꼭 『순수이성비판』과 같은 어려운 철학 서적이 아니더라도 자신이 좋아하는 소설에 나오는 표현을 더 쉽고 깊게 이해하기 위해서 영문법과 영단어를 공부하면 어떨까? 내가 좋아하는 작가를 더 깊게 알아 가기 위해 그가 드러내 놓고 표현하지는 않았지만 의도한 바에 대해 깨닫기 위한 대화의 과정으로 영어를 대할 수는 없을까? 영어 공부가 좋아하는 작가와 대화를 하기 위함이라는 것을 지속적으로 상기시킬 수 있었더라면… 아마 나는 영문법과 영어 단어 암기를 '해야만 하는' 공부가 아닌 '하고 싶은' 배움으로서 대할 수 있었을 것이다.

모방의
소중함

성경에 보면 "좋은 것을 모방하라."라는 말씀이 있다. 요한 사도가 동역자인 가이우스에게 보낸 서신에서 말한 것인데, 나는 이 성경 말씀이 엉뚱하게도 영작문을 할 때 적용되는 것을 경험했다.

고급 영어로 갈수록 글쓰기 능력이 정말 중요하다. 말로써 전할 수 있는 영향력보다 글로써 전할 수 있는 영향력이 훨씬 크기 때문이다. 생각해 보라. 시대와 장소를 뛰어넘는 책의 초월적인 영향력을 말이다. 그래서인지 500년 전부터 학문의 명당으로 자리를 지켜 온 옥스퍼드 대학에서는 글쓰기를 가장 중요시한다.

옥스퍼드 첫 수업에 제출했던 에세이에서 한 문단 정도를 다른 사람의 글을 그대로 베껴서 냈다가 교수님께 호되게 혼난 적이 있다. 첫 수업 교수님께서 나에게 돌려주신 에세이 한 페이지가 빨간색 펜으로 큰 엑스 자를 그어져 있었던 모습, 그리고 표절이 얼마나 큰 문제인지 열변을 토하던 교수님의 모습을 아직까지도 잊을 수가 없다. 지금이야 한국에서도 표절에 대해 민감하지만 20여 년 전 고등학생이었던 나에게 표절의 위험에 대해 말해 주는 사람이 한 명도 없었다.

그때 실수 이후 표절에 대해서는 극도로 경계하지만 여전히 모방을 통해 영작문을 위한 연습 방법으로 꾸준히 사용하는 편이다. 오히려 옥스퍼드에서의 공부가 이러한 습관을 형성해 주었다고도 볼 수 있다.

글을 쓸 때 큰 도움이 되었던 것은 노트 정리였다. 나는 책을 읽으면서 에세이에 필요하다고 생각되는 내용과 주제 문장들을 모두 컴퓨터에 정리해 써 놓았다. 같은 책이라도 어떤 목적을 가지고 읽느냐에 따라 노트 정리의 내용이 달라진다. 나중에 에세이를 쓸 때 이 문서들을 병합해서 내용들을 비교해 보았고, 논리적인 주장을 만들 수 있었다. 노트 정리한 내용들을 그대로 쓸 수는 없었기 때문에 대신 문장구조나 단어들을 바꾸어서 (영어로는 paraphrase라고 표현한다) 글을 썼다. 이러한 '모방하기' 훈련을 나는 아직도 꾸준히 실행 중이다.

노트 정리를 하기 어려울 때는 중요하다고 생각하는 부분을 소리 내서 읽어 본다. 적어도 내 귓속에 들리게 해서 그 표현 혹은 개념이 내 뇌 속에 되새겼으면 하는 바람으로 말이다.

이렇게 학사, 석사, 박사과정 8년 동안을 계속 유명한 석학들의 글을 노트 정리를 위해 옮겨 쓰다 보니, 어느새 내가 부지런히 모방했던 석학들의 문장들 중 상당히 많은 부분이 나의 문장이 되어 버렸고, 내가 글을 쓸 때 나도 모르게 사용할 수 있게 되었다. 정말 신기했다. 특히 교육학 관련 영어 논문을 쓸 때면 정말 이런 변화를 많이 느낀다. 수없이 많은 책을 읽고, 노트 정리를 하다 보니 석학들이 사용하는 어려운 학술 용어들과 익숙해지고, 그들의 표현들이 자연스럽게 내 것이 되어 있었다.

그래서 나는 어떻게 영작문 공부를 해야 하냐는 묻는 이들에게 언제나 관심 있는 분야나 전공 분야에서 유명하고 좋은 평판을 가진 책 1~2권 정도를 구해 읽으라고 권한다. 그리고 내가 했던 방식처럼 책을 읽으면서 인상적인 부분이나 중요하다고 생각되는 부분을 노트에 정리해 보라고 한다. 그리고 정리된 노트를 지속적으로 읽어 보라고 권한다. 여러 가지 책을 대충 읽는 것보다 이렇게 좋은 책 혹은 논문 한두 권 정도를 5번에서 10번 정도 읽으면서 그 책을 내 것으로 만드는 과정이 중요하다.

영어에 regurgitate라는 단어가 있는데, 그 뜻은 소가 여물을 먹듯이 곱씹어 먹는다는 뜻이다. 읽기뿐만 아니라 쓰기 연습에서 가장 중요한 것은 좋은 텍스트를 곱씹어 자신의 것으로 만드는 과정이다. 텍스트의 내용뿐 아니라, 문장과 표현이 완전히 소화가 되어 나의 것이 될 때까지 지속적으로 곱씹는 것이다. 이를 위해 가장 기초적이고 원초적인 방법이 '모방하기'이다. 물론 다른 사람의 문장을 그대로 내 글에 쓰는 것은 사절이다.

나의 글쓰기 멘토,
찰스

옥스퍼드에서 1학년 말, '지식과 현실(Knowledge and Reality)'이라는 철학 과목을 찰스라는 영국 남학생이랑 같이 듣게 되었다. 찰스는 나보다 한 학년 상급생이었다. 그래서인지 내가 도움을 요청하거나 질문을 하면 곧잘 도움을 주었다. 학기 초 철학 에세이 쓰는 데 익숙하지 않은 나에게 간결하고 설득력 있는 글쓰기를 알려 준 사람이 찰스였다. 찰스는 옥스퍼드 대학에서 얼마 떨어지지 않은 아빙돈 스쿨(Abingdon School)이라는 사립학교에서 중, 고등학교를 다니면서 글쓰기 훈련이 잘 되어 있었다.

영국은 한국과는 달리 초등학교부터 모든 공식적인 시험을 주관식으로 진행하기 때문에 글로 자신을 표현하는 훈련을 어렸을 때부터 엄격하게 받는다. 심지어 물리나 수학과 같은 과목도 주관식으로 시험을 진행하기에, 자신이 가진 지식을 글을 통해 설명하는 데 준비가 잘 되어 있다고 하겠다. 그래서 영국인들은 작문을 어려운 것으로 생각하는 것이 아니라 '표현'으로 생각한다.

그리고 자신의 생각을 명확하게 표현해야 하기 때문에 모든 전공 과정에서 작문 훈련을 중요하게 생각한다.

이러한 작문 훈련에 익숙하지 않았던 나는 처음 옥스퍼드에서 10권이 넘는 책이나 논문을 읽고 5페이지 이내로 논리적인 주장을 담은 에세이를 일주일에 한 번씩 제출해야 하는 것이 정말 고역이었다. 첫 학기 때는 하루 종일 도서관에 틀어박혀 있다 보니 햇빛을 못 봐서 얼굴이 하얗게 발한 적도 있다. 마음씨 좋았던 찰스는 튜토리얼에서 허우적대고 있는 내게 이런저런 도움을 많이 주었는데, 옥스퍼드 영작문의 기초를 닦는 데 찰스의 도움이 컸다.

"썬, 첫 번째로 주어진 에세이 질문이 요구하는 것이 무엇인지 정확하게 아는 것이 필요해. 이건 아주 중요한데, 왜냐하면 에세이에 필요한 것이 무엇인지 알게 되면 우리는 책을 전부 읽지 않아도 되기 때문이야. 대신 책을 훑어보면서 질문에 답하기 위한 내용이나 주장들만 찾아내면 되거든."

"한 에세이를 쓰기 위해서 네 권내지 다섯 권 정도의 책을 읽어야 할 거야. 책을 읽을 때 에세이를 쓰는 데 필요한 내용을 찾고, 그것들을 노트에 써 놓아. 책들을 정독하지 않아도 쭉 훑어보면 작가가 무슨 말을 하려는지 알게 될 거야. 책의 주제 같은 것들, 이런 것들을 써 놓는 것도 도움이 되지."

"내가 읽었던 책들에서 필요한 내용이나 주제들을 적어 놓은 다음에는 그것들을 엮어서 하나의 구체적인 주장을 만들어 봐. 에세이는 반드시 독특한 주장을 가지고 있어야 해."

찰스의 말을 열심히 들은 후 질문을 했다.

"하지만 어떻게 그런 주장들을 만들 수 있어? 그 주제에 대한 작가들의 의견이 너무 다양한 걸."

"에세이 질문의 주제가 두 개의 매우 상반된 의견을 가지고 있다고 해 보자. 그러면 너는 이 두 의견, A와 B를 구체적인 예시들을 보여 주면서 비교, 대조할 수 있을 거야. 그리고 끝에 가서는 이 두 의견에 대한 절충안을 제시하거나 아님 A와 B 둘 중의 하나의 의견을 택하면 되는 거야."

"만약 하나의 의견을 택하기로 결정한다면 시작할 때 너와 반대되는 의견을 먼저 내놓아. 그리고 상반되는 예를 들어서 그것이 틀렸다는 것을 증명해. 이렇게 예를 들거나 그 의견 뒤에 있는 논리가 안 맞는다는 것을 보여 줌으로써 너의 의견이 맞는다는 것을 보여 줄 수 있는 거지."

책을 5권 정도 읽고 나면 너무 내용이 많아서 5장 에세이 분량에 맞게 배열하고 축약하는 것이 제일 힘들었는데, 찰스의 설명을 듣고 보니 잘할 수 있을 것 같았다.

"에세이의 구조는 어떻게 해? 교수님이 내가 쓴 에세이는 구조가 없다고 하셨어. 근데 그게 무슨 말인지 잘 모르겠어."

"오, 그건 별로 복잡하지 않아. 에세이의 구조는 모래시계를 엎어 놓은 것과 같아. 서론에서는 아주 일반적인 것으로 시작해서, 본론에서는 좀 더 구체적인 것들을 언급하고, 그 다음에 결론에서 진짜 초점을 맞추면 돼."

"어? 모래시계? 좀 더 자세히 설명해 줄 수 있겠니?"

"서론에서는 에세이에서 네가 무엇을 말한 것인지에 대한 개관을 하는 거야. 예를 들면 이렇게 말할 수 있지. '이 에세이에서 나는 이러이러한 주장을 할 것입니다. 그리고 이 주장을 위해 이러이러한 예시를 들 것입니다.' 너의 에세이를 좀 더 고급스럽게 만들려면 서론에서 네가 토론할 이슈에 대한 배경 설명을 간단하게 해 주는 것도 좋아."

"본론은 에세이에서 가장 쉬운 파트야. 본론에서는 각각의 문단이 각자의 주제를 가지고 있어야 하는데, 이 주제들은 에세이 전체 주장에 연결되어 있는 소주제들이라 할 수 있지. 예를 들어 만약 네가 핵무기 확산 금지를 옹호하는 글을 쓴다고 해 봐. 그러면 본론에서는 왜 확산 금지를 옹호하는지에 대한 이유를 대는 거야. 처음 문단을 이렇게 시작할 수 있겠지. '핵무기가 보유한 어마어마한 위협 때문에 핵무기가 국가의 안보를 돕는다는 주장은 적절하지 않다.' 그리고 그 문단의 나머지 문장들에서는 이 주장을 돕는 예시로 히로시마 원폭 투하 사건을 쓰는 거야."

"결론은 항상 짧아야 해. 결론에서는 지금까지 한 말을 요약하기만 하면 돼. 마지막 문장에서 너의 주장을 명확하게 언급하는 것이 중요해."

에세이 쓰기 명강사의 친절한 해설을 듣는 듯했다. 이렇게 찰스가 말해 준 대로 에세이를 써 보았더니 정말 에세이가 간결해지고 책 읽는 시간도 줄어들었다. 그리고 교수님께 에세이의 질이 훨씬 좋아졌다고 칭찬도 받았다. 나는 찰스가 가르쳐 준 이 방법을 모든 에세이를 쓸 때 적용했다. 전공을 바꾼 후에도 정치학 에세이를 쓰는 데 찰스가 알려 준 방식을 활용하여 훨씬 더 쉽고, 재밌게 글을 완성할 수 있었다.

하지만 무엇보다도 찰스를 통해서 느낀 사실은 글쓰기조차도 협업 과정이라는 것이다. 찰스가 알려 준 소소한 조언들도 도움이 많이 되었지만 진짜 도움이 되었던 것은 찰스가 직접 내 에세이를 보면서 교정해 준 것들이었다. 나의 초고는 형편없었지만 이렇게 찰스가 한 번 교정해 주고, 튜토리얼을 통해 교수님께서 한 번 더 교정해 주시면 엉망진창이었던 글이 어느새 모양새 좋은 글로 살아난다. 그래서 항상 글을 쓸 때 마다 되새기는 말이 있다.

"Your first draft is meant to be rubbish(너의 초고는 항상 쓰레기이

다)."

자신의 글을 100번 이상씩 탈고했던 헤밍웨이의 고백은 나의 글쓰기를 자유롭게 해방시켜 준 선언과도 같은 것이었다. 나는 처음부터 글을 잘 쓰려고 하지 않는다. 어차 쓰레기일 것이고 나중에 많은 사람들과의 토론과 협업에 걸쳐 완전 새롭게 되살아날 것임을 알기 때문에 초고를 쓸 땐 힘을 빼고 빠르게 진행한다. 그래서 나에겐 글쓰기가 고역이 아니라 재밌는 브레인스토밍과 같다. 다른 사람들과 대화 및 토론 거리를 제공해 줄 일종의 이야깃 거리인 것이다.

내가 처음에 쓴 박사 논문 초고를 보면 정말 웃음이 나온다. 지도 교수님께서도 내가 처음에 보내 드린 초고에는 아주 간단한 코멘트를 덧붙였을 뿐 별로 말씀이 없으신 것을 보고 눈치를 챘다. '별로 마음에 들지 않구나….' 많은 내용을 처음부터 다시 작성해야 했다. 게다가 가장 가까운 친구는 나의 논문 초고를 보고는 농담을 섞어 '박사를 그만두는 게 좋지 않겠어?'라는 말까지 했을 정도다.

하지만 그럼에도 불구하고 나는 박사를 그만두지 않았다. 이유는 나에게 언제까지나 초고는 늘 그렇듯이 '쓰레기'였기 때문이다. 대신 그 쓰레기를 바탕으로 해서 지도 교수님과 100번이 넘는 튜토리얼과 교정과 탈고 과정을 거쳐 좋은 논문이 나왔다. 세계적으로 인정받는 국제 저널에도 실릴 정도로 말이다.

세상만사가 그렇듯이 너무 잘하려고 애쓰면 오히려 잘 안 되는 경우가 많은 것 같다. 무엇보다 글쓰기가 그런 것 같다. 대신 내가 쓰는 글을 다른 사람과 아이디어를 소통하고 대화하고 토론하는 '이야깃거리'로 생각해 보자. 그리고 표현하는 것을 두려워하지 말자. 영국 옥스퍼드 식 에세이 교육이 빛을 발하는 부분이야말로 학생들로 하여금 세계적인 전문가 교수와 에세이를 통해 자유롭게 의견을 개진할 수 있게 하는 데 있다는 것을 기억하자.

자기 자신에게
그리고 남에게 진실하라

옥스퍼드 대학에서 한국 고등학교를 졸업한 학생으로는 처음으로 입학 허가를 받은 기쁨을 다 누리기 전에 나는 또 다른 난관에 봉착했다. 대학교 1학년 학비는 민족사관고등학교의 후원 및 대학 입학 전 스스로 일한 돈을 가지고 어찌어찌 마련은 되었는데, 당장 2학년 학비가 문제였다. IMF로 인해 경제적으로 어려운 상황에 있었던 우리 집 형편을 생각하면 당연히 영국 유학은 무리였다. 민족사관고등학교 유학반에서도 경제적인 이유로 유학을 포기하고 국내 대학에 진학한 학생들이 있었다. 나도 꿈꾸던 옥스퍼드 대학에서 입학 허가서를 받고 나서 벅찬 감동도 잠시, 현실적인 문제를 두고 고민을 거듭할 수밖에 없는 상황이었다.

하지만 어린 시절부터 꿈꾸던 소망이 현실이 되었는데, 현재의 어려움 때문에 포기할 수는 없는 노릇 아닌가? '뜻이 있으면 길이 생긴다.'라는 격언을 무작정 믿고 나는 영국 행 비행기를 탔다. 그리고 멀리서 바라만 보았던 소망에 한 발을 내딛는 순간 만난 세상은 너무나 흥미롭고 다채로웠다.

그런데 막상 학비를 내야 하는 1학년 말이 다가오니 마음이 답답해졌다. 그때 나는 방 안에 앉아 혼자서 고민하며 속상해 하기보다 적극적으로 도움을 요청하기로 했다.

먼저 칼리지에 내가 재정적으로 어려움을 겪고 있다는 사실과 도움이 필요하다는 글을 써서 이메일을 보냈다. 며칠 후 우리 칼리지의 재정 및 투자를 담당하는 반 노든(Van Noorden) 교수가 개인적으로 나를 부르셨다. 내가 교수님 방에 마련된 의자에 앉자마자 교수님께서는 미소를 지으시면서 말씀하셨다.

"So, how can I help?(어떻게 도와줄 수 있을까?)"

하얗다 못해 투명하기까지 했던 머리카락을 쓸어 넘기시면서 나에게 인자하게 질문을 하셨던 그 모습이 지금은 돌아가셨지만 아직까지 기억에 선하다. 원래는 재정적인 문제에 대해서만 상의를 하려고 했었는데, 교수님께서 학업, 교우 관계 및 영국 생활 전반에 대해서 이것저것 물어보시는 바람에 대화는 생각보다 많이 길어졌다. 교수님의 친절한 질문에 마음이 활짝 열린 나는 내

에필로그 • 자기 자신에게 그리고 남에게 진실하라

이야기를 세세히 털어 놓았다. 교수님과 이야기를 하면서 내가 가진 문제점이 단지 재정적인 문제뿐만 아니라 전공과목 선택도 포함된다는 것을 깨닫게 되었다.

사실 고등학교 때까지만 해도 의사를 꿈꾸었기 때문에 옥스퍼드 대학 입학은 PPP(Philosophy, Psychology and Physiology 철학, 심리학, 생리학) 전공으로 지원을 하고 합격을 했었다. 하지만 막상 심리학과 생리학을 공부해 보니 나의 성향과 잘 맞지 않았을 뿐더러, 대부분의 학생이 영국 아이들이라 문화적으로도 교류하기가 힘들었다. 어쩌다 보니 내가 친하게 지냈던 마샤, 마크, 팀, 세바스찬 모든 친구들이 PPE(Philosophy, Politics and Economics 철학, 정치학, 경제학)라는 전공이었는데, 그 과에는 미국, 유럽 국가들뿐만 아니라 싱가포르, 홍콩 등 아시아 국가에서 온 학생들도 많아서 정말 문화적으로도 다양하고 국제적이었다. 그래서 막연하게나마 'PPE로 전공을 바꿔 보면 어떨까?' 하는 생각을 하고 있었다.

하지만 문제는 옥스퍼드 입학 제도였다. 옥스퍼드 대학은 미국 및 우리나라 대학과는 달리 입학부터 전공과목을 정하고 지원을 하게 되며, 따라서 전공 별로 뽑는 학생 수가 정해져 있어서 입학 시험과 인터뷰도 달리 한다. 또한 PPE는 영국뿐만 아니라 미국, 영연방 국가들의 정계 지도자들이 많이 배출된 명망이 높은 전공으로 입학 자체가 굉장히 까다롭고 힘들다. 그래서 영국 학생들조

차도 2학년 때 PPE 전공으로 과를 바꾼다는 것은 쉽지 않은 일이었다. 영어가 모국어도 아닌 외국인인데다 재정적으로도 어려움을 겪는 학생이 과를 바꾼다 하면 콧대 높은 PPE 전공 교수들이 과연 받아 줄까? 객관적으로 봐서는 불가능한 일이었다.

그런데 아이러니라고 느껴졌던 것은 내가 콧대가 엄청 높을 거라고 생각했던 PPE 전공 교수들 중 한 명이 반 노든 교수님이셨다. 교수님께서는 우리 칼리지 재정과 투자를 담당하셨을 뿐만 아니라, 경제학 튜터로서 우리 칼리지 PPE 전공과목의 주임 교수이시기도 했다. 물론 교수님을 만나기 전까지 나는 이런 사실을 하나도 몰랐다! 다만 나는 어려운 상황을 극복하고자 내가 맞닥뜨린 문제에 대해 열과 성을 다해 솔직하고 진실하게 설명하고 도움을 구한 것뿐이었다.

그렇다고 해서 교수님께서 나의 상황만 보고 과를 바꾸도록 허락해 주신 것은 아니었다. 다른 정치학 교수님과 상의를 해서 나에게 두 개의 에세이를 써 오라고 하셨는데, 정치학을 한 번도 공부해 보지 않은 그 당시의 나로서는 참으로 난감한 과제였다.

나는 이 상황을 친구들에게 알리고 헤쳐 나갈 방법을 강구하기 시작했다. 다행히도 나의 독일 친구 세바스찬이 자신이 공부하고 있던 유럽 정치 전공 서적을 선물해 주고 과외 선생을 자처했다. 나중에 유럽연합(EU)에 진출하는 정치인을 꿈꾸고 있었던 세바

에필로그 • 자기 자신에게 그리고 남에게 진실하라

스찬은 자신이 공부한 비교 정치학(Comparative Politics) 이론과 프랑스 정치 및 영국 정치에 대한 개론을 설명해 주었다.

세바스천이 유럽연합에 인턴십을 간 후에는 정치학 박사 과정에 있었던 이탈리안 친구 마테오가 나의 에세이의 영어 표현이나 문법을 교정해 주었다. 이렇게 우여곡절 끝에 나는 여름 방학 말까지 교수님이 요구했던 두 개의 정치학 에세이를 제출했다.

행운은 동시에 온다고 했던가! 2학년이 시작되기 2주 전쯤 나는 칼리지로부터 두 개의 이메일을 받았다. 하나는 PPE로 전공 이전이 수락되었다는 것이었고, 다른 하나는 칼리지에서 나를 위해서 장학금을 만들어 주기로 했다는 것이었다. Hertford Developing World Scholarship이라는 멋진 이름까지 붙여서 말이다(그 때까지만 해도 한국은 영국에서 개발도상국으로 분류되었고, 존재하지 않았던 장학금 제도를 나를 위해 만들어 준 것이었다)! 덕분에 나는 졸업까지 장학금을 받으며 공부할 수 있었고, 친한 친구들이 있었던 PPE과에서 좋은 성적으로 졸업할 수 있었다.

영어에 내가 좋아하는 '언더독(underdog)'이라는 표현이 있다. '이기거나 성공할 가능성이 적은 약자'라는 뜻을 담고 있는데, 그당시 옥스퍼드에서 나는 정말 문화적으로도 사회적으로도 재정적으로도 언더독이었다. 언더독이면 주눅이 들 만한데 신기하게도 주변의 친구들 때문이었는지는 몰라도 나는 용기를 냈다. 대

언어의 쓸모

신 나의 두려움과 어려움을 말하고 소통하기로 결심했고 이것이 언더독으로서 할 수 있는 나의 최선이었다.

누군가는 나에게 운이 좋았다고 할 수도 있고, 능력이 뛰어나서 그렇다고 할 수도 있다. 어쩌면 둘 다 틀리면서 맞는 말이다. 숨기지 않고 당당히 드러내면서 도움을 요청하기로 한 것. '소통'이 바로 나의 운이고 나의 능력이었다.

"모든 것에 우선하는 지혜: 자기 자신에게 진실 할지어다. 그리하면 밤이나 낮이나 누구에게라도 잘못하는 일이 없을지니."

셰익스피어가 『햄릿』에서 한 말인데, 나는 이에 하나 더 덧붙이고 싶다.

"모든 것에 우선하는 지혜: 자기 자신에게 그리고 남에게 진실해라."

용기를 내서 자신과 타인하게 진심을 담아 이야기해 보는 것. 이것이 옥스퍼드라는 먼 미지의 땅에서 만난 콧대 높은 영국 사람들이 나에게 선물해 준 최고의 교훈이었다. 비록 언더독이었지만, 언어와 문화가 다른 곳에서도 두려움을 무릅쓰고 자기의 속 이야기를 털어놓았을 때 마음과 마음이 서로 이어지는 소통을 경험했다. 이를 통해 얻은 세계 각국의 친구들과 멘토들 그리고 그들과의 아름다운 추억은 무엇과도 바꿀 수 없는 내 인생의 소중한 보물이기도 하다.

언어의 쓸모

1판 1쇄 인쇄 2020년 8월 12일
1판 1쇄 발행 2020년 8월 14일

지은이   김선
발행처   도서출판 혜화동
발행인   이상호
편집   권은경
주소   서울특별시 강서구 공항대로 237 (마곡동) 에이스타워마곡 1108호 (07803)
등록   2017년 8월 16일 (제2017-000158호)
전화   070-8728-7484
팩스   031-624-5386
전자우편 hyehwadong79@naver.com

ISBN 979-11-90049-14-6   03370

ⓒ 김선 2020

이 책은 저작권법에 따라 보호를 받는 저작물이므로 무단 전제와 무단 복제를 금지하며,
이 책의 전부 또는 일부를 이용하려면 반드시 저작권자와 도서출판 혜화동의 서면 동의를 받아야 합니다.

이 도서의 국립중앙도서관 출판예정도서목록(CIP)은 서지정보유통지원시스템
홈페이지(http://seoji.nl.go.kr)와 국가자료종합목록 구축시스템(http://kolis-net.nl.go.kr)에서
이용하실 수 있습니다. (CIP제어번호 : CIP2020031549)

• 책값은 뒤표지에 있습니다.
• 잘못된 책은 바꾸어 드립니다.

이 도서는 한국출판문화산업진흥원의 '2020년 우수출판콘텐츠 제작 지원' 사업 선정작입니다.